MEDIA
TRAINING

Dados Internacionais de Catalogação na Publicação (CIP)
(Câmara Brasileira do Livro, SP, Brasil)

Media training : como agregar valor ao negócio melhorando a relação com a imprensa / Luciane Lucas (org.). — 2. ed. — São Paulo : Summus, 2007.

Vários autores.
ISBN 13 978-85-323-0857-3

1. Comunicação de massa e negócios 2. Imprensa 3. Relações públicas 4. Valor agregado I. Lucas, Luciane.

06-9033 CDD-658.45

Índices para catálogo sistemático:

1. Imprensa : Relações : Comunicação :
   Administração de empresas   658.45
2. Relações com a imprensa : Comunicação :
   Administração de empresas   658.45

Compre em lugar de fotocopiar.
Cada real que você dá por um livro recompensa seus autores
e os convida a produzir mais sobre o tema;
incentiva seus editores a encomendar, traduzir e publicar
outras obras sobre o assunto;
e paga aos livreiros por estocar e levar até você livros
para a sua informação e o seu entretenimento.
Cada real que você dá pela fotocópia não autorizada de um livro
financia um crime
e ajuda a matar a produção intelectual em todo o mundo.

MEDIA
TRAINING

....

Como agregar valor ao negócio
melhorando a relação com a imprensa

Luciane Lucas
(organizadora)

summus
editorial

MEDIA TRAINING
Como agregar valor ao negócio melhorando a relação com a imprensa
Copyright © 2007 by autores
Direitos desta edição reservados por Summus Editorial

Editora executiva: **Soraia Bini Cury**
Assistentes editoriais: **Bibiana Leme e Martha Lopes**
Capa: **Sergio Celane**
Projeto gráfico e diagramação: **Acqua Estúdio Gráfico**
Fotolitos: **Casa de Tipos**
Impressão: **Sumago Gráfica Editorial Ltda.**

Summus Editorial
Departamento editorial:
Rua Itapicuru, 613 – 7º andar
05006-000 – São Paulo – SP
Fone: (11) 3872-3322
Fax: (11) 3872-7476
http://www.summus.com.br
e-mail: summus@summus.com.br

Atendimento ao consumidor:
Summus Editorial
Fone: (11) 3865-9890

Vendas por atacado:
Fone: (11) 3873-8638
Fax: (11) 3873-7085
e-mail: vendas@summus.com.br

Impresso no Brasil

Sumário

Prefácio 7
Altamir Tojal

Apresentação 13
Luciane Lucas

1. A prova dos dez ou Agregando valor a marcas e empresas pela divulgação
   jornalística 15
   Nemércio Nogueira

2. Guia rápido de sobrevivência na mídia 39
   José Luiz Schiavoni

3. Comunicação de crise: como reduzir riscos e potencializar a relação com
   a imprensa 57
   Luciane Lucas

4. A assessoria de imprensa e o gestor público: atenção à orquestra midiática...... 81
   Ricardo Freitas

5. Como potencializar o trabalho de sua assessoria de imprensa 101
   Vera Dias

6. Coletiva de imprensa: quando e como? 113
   Renata Utchitel

7. A presença do executivo no vídeo: o que a tela da TV conta e você não vê 135
   Beatriz Thielmann

8. O outro lado do media training: o que dizem os jornalistas? 155
   Janete Oliveira

Prefácio

ALTAMIR TOJAL

No dia-a-dia de assessor de imprensa e consultor de comunicação, confirmei algumas observações da vida de repórter sobre as chamadas "fontes de informação" ou "porta-vozes" – as pessoas entrevistadas ou consultadas pelos jornalistas na busca por notícias, dados e comentários.

Algumas vezes, o repórter se despede, após a entrevista, agradecido e com sincera admiração pela fonte; e esta vai cuidar da vida sem a angústia de esperar pelo pior quando a matéria for veiculada. A entrevista ou a conversa corre fácil. Fala-se e ouve-se, compreende-se o papel de cada um, buscando a convergência de interesses. Tarefa esta invariavelmente árdua, porque o repórter deve querer, quase sempre, publicar o que a fonte não pode ou não quer revelar; e esta deseja ou precisa comunicar o que, muitas vezes, o repórter ou o veículo entendem que não interessa ao distinto público.

A boa sintonia entre fonte e repórter produz momentos de realização e felicidade para ambos. Mais ainda quando o repórter é um bom profissional e a fonte é bem preparada. Nesse caso, o repórter vai para a redação com informações corretas, idéias interessantes e frases inteligentes. Vai satisfeito, escrevendo na cabeça sua reportagem. A chance de final feliz é bem grande: um bom trabalho jornalístico e uma fonte satisfeita. E, sobretudo, leitores, ouvintes, telespectadores, internautas, enfim, pessoas bem informadas.

Mas nem sempre é assim. Muitas vezes prevalece um clima de desconfiança e até de hostilidade, e a boa comunicação não se estabelece. Se uma mensagem não é comunicada de forma adequada ao repórter, é quase impossível que chegue correta ao público. Logo, o repórter é o primeiro "público" a ser conquistado em qualquer transmissão de conteúdos pela imprensa.

Este livro trata exatamente disso, da conquista do repórter pela fonte de informação, pelo porta-voz, pela pessoa ou instituição que deseja ou necessita fazer chegar – pelos meios de comunicação – suas mensagens a públicos específicos ou a toda sociedade. O media training e, conseqüentemente, um livro sobre este tema, deve estabelecer pontes entre quem comunica e quem tem a missão de intermediar a comunicação até o público.

Sabemos que a aptidão, a empatia e o carisma do comunicador são fatores fundamentais de sucesso nesse processo, da mesma forma que conhecemos os efeitos devastadores dos opostos dessas qualidades. No entanto, quando se necessita do poder de disseminação da mídia, é uma tola ilusão confiar somente na capacidade de comunicação direta. Neste caso, ou seja, sempre que os conteúdos transitem por jornais, revistas, TV, rádio, portais e toda sorte de formatos possíveis de meios, a mão e o olhar do jornalista são necessários e, de certa forma, inevitáveis. Sua mente e seu coração devem, portanto, ser conquistados com competência e sensibilidade.

Desse modo, temos aqui um tema de crescente relevância para o executivo corporativo e o gestor público. Cada vez mais, o relacionamento com a mídia torna-se uma ferramenta indispensável ao desempenho de seus cargos, seja pelas oportunidades de promoção de marcas e atividades que propicia, seja pela imprescindibilidade na defesa de interesses e posições. Trata-se também de um tema crucial para todos os envolvidos com a comunicação: jornalistas, publicitários, assessores de imprensa, profissionais de relações públicas, gestores de marketing e, também, estudantes e candidatos a estas funções.

A cada dia fica mais evidente a necessidade de preparação dos porta-vozes e de capacitação de executivos e gestores para otimizar o relacionamento de suas organizações com a imprensa. A exigência de alto nível de profissionalização neste campo decorre do acelerado processo de mudança e sofisticação no universo midiático e da disputa acirrada pelos espaços mais nobres nos veículos de comunicação.

Mas por que são os porta-vozes e gestores que têm de se preparar, enquanto os jornalistas e a mídia estão aí a errar e pecar todo santo dia?

Ora, a chave desta questão é compreender que a tarefa de modificar a mídia é bem trabalhosa e está muito além das potencialidades de um indivíduo ou mesmo de uma instituição. Isso não significa, é claro, abdicar da visão crítica e do direito de espernear sempre que for preciso. É obviamente muito mais simples, produtivo e factível melhorar o desempenho dos porta-vozes e gestores – e colher os bons frutos que isso propicia –, em vez de apostar numa mudança nos procedimentos da mídia e em seus padrões éticos, às vezes bastante peculiares.

Assim, buscando aperfeiçoar gestores e porta-vozes, este livro aplica a fórmula mais eficaz para uma obra dessa natureza: a combinação harmoniosa da experiência profissional com o conhecimento teórico. Organizado e escrito por jornalistas, consultores, profissionais de relações públicas e assessores de imprensa, ele oferece visões diversificadas que convergem a fim de oferecer um panorama completo e atualizado sobre o tema.

A questão-chave da adequada preparação dos porta-vozes para cada entrevista e cada ação de comunicação pela mídia é apresentada sob diversas abordagens. Uma das mais importantes é a lição de aprender com os erros dos outros, inclusive de famosos e poderosos, como assinala o consultor José Luiz Schiavoni. Eu acrescentaria que todos temos também muito a aprender com os acertos de bons porta-vozes, devidamente capacitados, que alcançam resultados fantásticos na arte de valorizar seus conteúdos na comunicação pela imprensa.

Nemércio Nogueira, outro craque da comunicação corporativa, situa o media training no contexto da evolução profissional dos executivos e da modernização geral dos processos produtivos e de relacionamento nas empresas. A necessidade permanente de criar e agregar valor a marcas e negócios impõe ao executivo contemporâneo o domínio das ferramentas de comunicação para alcançar todos os stakeholders, isto é, os diferentes públicos influenciados pelos negócios corporativos ou que podem influenciar os resultados da empresa.

O papel do assessor de imprensa e a difícil e complexa tarefa de medir os resultados positivos ou não da exposição de uma marca, indivíduo ou evento na mídia são os temas da jornalista Vera Dias, autora de *Como virar notícia e não se arrepender no dia seguinte*, obra-prima sobre o relacionamento com a imprensa. Uma das contribuições mais relevantes de seu artigo aqui é o destaque para a diferença entre a comunicação com a imprensa e a comunicação de marketing – confusão ainda comum e generalizada no Brasil, responsável por demasiados erros e prejuízos a pessoas e empresas. Vera também destaca a necessidade de conhecimento, por parte do executivo ou gestor público, das reais possibilidades e limites do trabalho das assessorias de imprensa, ajudando a adequar demandas e expectativas de exposição na mídia.

Ainda no campo das distinções necessárias, Ricardo Freitas, professor e gestor de relações públicas, aborda as especificidades das funções do porta-voz e do assessor de imprensa no setor público, enquanto a jornalista Beatriz Thielmann revela as exigências próprias da televisão, essa máquina avassaladora e cheia de caprichos.

Um artigo específico é dedicado à coletiva de imprensa, uma ferramenta que às vezes é solução, mas pode se transformar em grande problema. Renata Utchitel, ótima revelação entre os novos profissionais de comunicação corporativa, mostra quando e como usar a coletiva de forma adequada. Já a organizadora do livro, Luciane Lucas, chamou para si a responsabilidade por um dos problemas que mais desafiam os porta-vozes, consultores e assessores de imprensa: a comunicação em situações de crise.

Este livro reúne, portanto, uma verdadeira seleção de especialistas e uma coleção de conteúdos relacionados ao media training, sempre contextualizados na problemática das atividades de assessoria de imprensa e consultoria de comunicação corporativa. O material aqui apresentado contribui para que se multipliquem bons encontros entre porta-vozes e jornalistas; encontros capazes de se traduzir em resultados felizes para as duas partes e, principalmente, por meio de mais qualidade de comunicação e informação para o cidadão.

Cabe assinalar que pessoas bem preparadas para se relacionar com os jornalistas e falar a seus públicos por meio da imprensa passam a dispor de meios para criar e aproveitar oportunidades também para sua própria carreira e seus projetos de vida, além de evitar ameaças de exposição negativa. O treinamento e a disciplina em observar regras adequadas e acompanhar a evolução dos processos compõem a receita ideal de sucesso na comunicação pela mídia.

Sabemos que, mesmo dotado desses meios e da disciplina necessária, o porta-voz está sempre exposto a surpresas, desafios e riscos em cada comunicação e em cada entrevista. São muitos e bem conhecidos os tropeços, as armadilhas e os casos de insucesso por inúmeras e inesgotáveis razões. O fracasso algumas vezes é punido com a perda de reputação e até do cargo ou emprego. Assim sendo, as instituições e corporações devem não somente propiciar todo o treinamento e apoio profissional necessários a seus porta-vozes, como também oferecer o necessário reconhecimento pelo bom desempenho.

Participei da criação de uma iniciativa interessante da Unisys, uma das líderes globais na área de tecnologia da informação. A empresa instituiu uma forma de reconhecimento ao sucesso dos diretores que utilizam o relacionamento com a mídia como ferramenta de apoio ao negócio da companhia, suprindo a assessoria de imprensa de informações e atuando como porta-vozes na relação com a imprensa. Trata-se do Prêmio Porta-Voz, que a cada ano homenageia os melhores da área e aqueles que mais colaboram para o objetivo de conquistar exposição positiva e proteger a marca da companhia na imprensa.

Argumento sempre para meus clientes que esse reconhecimento é necessário. E estou convencido de que, a cada dia, a atuação como porta-voz torna-se crucial para o desempenho de executivos, autoridades e profissionais em geral. Desse modo, é justo e necessário que tal reconhecimento não seja somente simbólico, mas se materialize também na forma de acréscimo salarial ou de pontos para a conquista de bônus, promoções e outras vantagens.

Ao mesmo tempo que cresce a percepção da importância estratégica do media training – abrindo espaço para um reconhecimento não só simbólico –, há também novas questões suscitadas pelo aprimoramento técnico dos porta-vozes. Atestando o grande desafio que se apresenta aos porta-vozes, este livro revela os resultados de um estudo realizado com jornalistas a fim de avaliar sua percepção sobre o nível de preparação e competência dos entrevistados. Destaca-se, entre as inúmeras e importantes conclusões, que o repórter é capaz de identificar, de forma geral, se seu interlocutor teve ou não treinamento adequado. E o jornalista reconhece que o porta-voz bem preparado torna-se um obstáculo quando é preciso arrancar uma informação não divulgável. Durante a entrevista, o repórter também identifica a fonte que recita "bem demais" o catecismo do media training, adotando um comportamento mecanizado.

Tal observação da pesquisa me motiva a deixar para reflexão dos leitores – e como provocação aos consultores e profissionais de treinamento – a questão do uso abusivo de fórmulas e truques ensinados aos porta-vozes. Estamos-nos habituando a perceber um tom – às vezes, escamoteado, e outras, escancarado – de artificialismo no conteúdo e na forma das entrevistas. Com destaque para aquelas dadas à televisão e ao rádio, quando é maior a possibilidade de comunicação direta e, portanto, de identificação e avaliação do desempenho do comunicador. Inicialmente, esse problema restringia-se a políticos demagogos, fugindo das perguntas dos jornalistas. Agora, transformou-se numa verdadeira praga. Empresários, advogados, artistas, esportistas e autoridades se excedem em hipocrisia e subestimação da inteligência alheia. Trata-se, é evidente, de interpretação equivocada ou de tentativa de manipulação das técnicas e dos conhecimentos da comunicação por meio da imprensa. Aí, acredito que nós – instrutores, consultores e assessores de porta-vozes – temos um importante desafio a vencer.

Apresentação

LUCIANE LUCAS

A prática do media training tem crescido no Brasil. Cada vez mais as empresas percebem a necessidade de preparar suas lideranças para o relacionamento cotidiano com os profissionais da imprensa, sabendo que grande parte da percepção pública a respeito de organizações e marcas acontece nesse território por vezes inóspito e misterioso – a mídia.

A questão não se restringe à prestação de contas à sociedade. A relação com a mídia pode ser extremamente relevante para os negócios – seja porque ela oferece, em parte, a visibilidade necessária para as empresas, seja porque as principais representações sociais em circulação que influenciam o funcionamento dos mercados são construídas pela mídia e fortalecidas por ela.

Em função desse cenário, em que uma postura *low profile* pode significar estar à margem da legitimidade social que só a opinião pública pode conferir, muitos executivos e gestores têm se preparado para lidar com demandas e particularidades da imprensa, incluindo seu *timing* sempre apertado. Entender essa dinâmica já é meio caminho andado. Especialmente porque os papéis a desempenhar nessa relação não são sempre os mesmos – um executivo pode ser, hoje, fonte para uma matéria e, amanhã, assumir a posição de porta-voz na condução de uma crise.

Em tais situações, a empresa fica sob os holofotes, razão para que as lacunas de informação sejam logo preenchidas – quanto maior o vácuo, maior a chance de que uma versão desagradável ou incompleta seja publicada. De todos os motivos para desobstruir o canal entre empresa e mídia, um dos principais é que uma relação ruim quase sempre acentua problemas de relacionamento com outros públicos. Nada que pára na imprensa se restringe a ela. A mídia funciona como uma espécie de filtro que baliza a opinião pública.

O livro *Media training: como agregar valor ao negócio melhorando a relação com a imprensa* reúne artigos de consultores, assessores de comunicação e jornalistas que se debruçam sobre as questões de ordem prática dessa relação. O objetivo do livro é oferecer aos leitores – gestores e executivos – uma visão ampla dos desafios e oportunidades de um contato mais estreito e cotidiano com os profissionais da imprensa. *Media training* se propõe ser um livro leve, de leitura fácil, mas de conteúdo relevante para os gestores que lidam todos os dias com o desafio de construir laços mais duradouros com a mídia.

Os autores convidados oferecem, cada um, contribuições importantes relativas ao tema, discutindo as seguintes questões: agregação de valor ao negócio, cuidados na relação cotidiana com a mídia, preocupações do gestor público nessa relação, diretrizes na comunicação de crise, critérios de escolha da assessoria e condução de coletivas e entrevistas para televisão, culminando com um estudo sobre a percepção dos jornalistas quanto à prática do media training.

Esperamos que este livro seja útil e de leitura agradável. E, principalmente, que ele contribua para conscientizar gestores e líderes da importância inequívoca da mídia na legitimidade social das organizações.

Luciane Lucas

A prova dos dez ou Agregando valor a marcas e empresas pela divulgação jornalística

NEMÉRCIO NOGUEIRA

Se durante muito tempo falou-se da resistência dos executivos em estabelecer uma relação mais intensa com a mídia, hoje é fato reconhecido que este quadro apresenta sinais de mudança. A cada dia, os gestores buscam capacitar-se melhor para a dinâmica do relacionamento com a imprensa, sabendo que dele não podem prescindir. Ao negligenciar essa necessidade de interação, a empresa não só se arrisca a perder visibilidade para a concorrência, como também deixa ao sabor dos veículos a versão dos fatos que constituem notícias, à revelia do seu interesse imediato em divulgá-los (para se promover) ou explicá-los (para se defender). A proposta deste artigo é justamente expor aos gestores as razões que estimulam cada vez mais o planejamento e a implementação de um trabalho sistemático de relacionamento com a mídia. Assim, você encontrará aqui uma discussão acerca do caráter estratégico da interface empresa–imprensa, além de dados mais precisos sobre como o trabalho com a mídia agrega valor à sua empresa e às marcas que administra.

Está ficando cada vez mais raro encontrá-los, mas ainda há executivos que são ou se declaram refratários ao relacionamento de suas empresas com a mídia. "Não gosto de me promover", dizem uns. Outros temem o contato com jornalistas por acreditar que o resultado dessa interface tem maior chance de ser negativo que positivo para a empresa e para si próprios. E há também quem simplesmente não crê que valha a pena dedicar recursos financeiros e humanos à função de relações com a mídia, porque "dá trabalho e não rende nada de positivo".

Felizmente, esse tipo de executivo já é incomum no país, graças ao avanço e à sofisticação da gestão empresarial no Brasil – em linha com os mais modernos critérios e posturas do Primeiro Mundo –, que não mais admitem essas atitudes. No atual universo da gestão corporativa de ponta, ninguém mais tem dúvidas de que o bom relacionamento com a mídia não só é indispensável como de fato agrega valor às empresas, a suas marcas e às entidades que o desenvolvem de forma competente.

> No atual universo da gestão corporativa de ponta, ninguém mais tem dúvidas de que o bom relacionamento com a mídia não só é indispensável como de fato agrega valor às empresas, a suas marcas e às entidades que o desenvolvem de forma competente.

E o objetivo deste artigo é justamente elencar as principais razões concretas por que isso acontece e demonstrar de que forma esse investimento aumenta o valor das companhias e marcas. Não se trata, porém, de um texto acadêmico. Outros autores certamente são mais bem qualificados que eu para uma abordagem teórica. Como tantos artigos e palestras que venho desenvolvendo ao longo dos anos, estas anotações resultam, isso sim, das vivências e raciocínios de meus quarenta anos de atuação em diferentes ramos da comunicação empresarial (e também alguns anos de comunicação política), durante os quais tenho sido beneficiado pelo privilégio de dirigir setores de grandes empresas e de prestar serviços de consultoria a várias das maiores companhias nacionais e multinacionais do Brasil.

O CONTEXTO É MAIS AMPLO

O trabalho de relações com a mídia não existe no vácuo. Trata-se de um dos ingredientes mais destacados do conjunto de habilidades que constitui o ferramental de relações públicas – a área profissional que se responsabiliza pelo perfil institucional (ou sociopolítico) de uma empresa. É o setor que formula e dissemina publicamente a postura da empresa como protagonista social, faceta indissociável de sua característica principal de agente econômico e financeiro.

Para melhor compreender de que forma o bom relacionamento com a mídia adiciona valor a uma empresa e suas marcas, partimos do pressuposto universalmente aceito de que a boa reputação (ou a boa imagem) institucional da companhia é indispensável para que ela alcance seus objetivos. E o trabalho de relações públicas – também conhecido como comunicação empresarial – é justamente o conjunto de técnicas mediante as quais a empresa ou entidade se relaciona institucionalmente com os diferentes públicos, ou setores da opinião pública, que lhe são relevantes.

Os americanos chamam as pessoas que integram esses setores de stakeholders, um paralelismo com *stockholders*. Estes últimos são os acionistas da empresa, portanto detêm uma parcela econômico-financeira de seu patrimônio. E os stakeholders são aqueles que possuem algum tipo de interesse no desempenho institucional e no comportamento da companhia como entidade que atua na sociedade e gera impactos sobre ela. Os principais stakeholders de uma empresa são seus próprios acionistas, os funcionários, clientes, fornecedores, parceiros, financiadores, setores governamentais e legislativos, as comunidades em que a empresa atua, os consumidores de seus produtos ou usuários de seus serviços e as lideranças da opinião pública. Além disso, cada companhia ou cada setor empresarial têm como stakeholders "fatias" adicionais da opinião pública com as quais se relacionam especificamente. Em um caso são os ecologistas, em outro, as associações de bairro, em um terceiro, as pessoas que moram perto de torres de antenas de celulares e assim por diante.

> **Stakeholders são aqueles que possuem algum tipo de interesse no desempenho institucional e no comportamento da companhia como entidade que atua na sociedade e gera impactos sobre ela.**

Em outras palavras, stakeholders são as pessoas e grupos que compõem o ambiente social mais imediato em que determinada empresa opera, aqueles cuja vida tem alguma relação com a vida da companhia e cuja opinião favorável ou desfavorável sobre a firma pode fazer a diferença entre seu êxito e seu fracasso.

Essa definição mostra por que razão, entre os gestores de grandes empresas de sucesso, ninguém discute ser essencial construir e manter boa reputação aos olhos desses stakeholders. Porque suas opiniões e atitudes sobre a empresa ou suas marcas podem afetar diretamente os resultados da companhia – por exemplo, consumidores que deixam de comprar determinada marca porque "correu à boca pequena" que aquele produto alimentício ou farmacêutico contém um ingrediente perigoso. Ou então, digamos, profissionais e trabalhadores que evitam empregar-se em determinada empresa porque ela "tem fama" de não pagar corretamente suas obrigações trabalhistas ou de não cuidar como deveria da segurança de seus funcionários no trabalho.

É justamente para garantir a boa imagem da empresa perante seus stakeholders que ela desenvolve o trabalho de relações públicas. E a avaliação de que investir no relacionamento com a mídia agrega valor à empresa ou marca que o realiza só pode ser efetuada à medida que observemos esse universo mais amplo de relações públicas no qual ele se insere.

Para ajudar a tornar mais claro em que consiste esse trabalho, podemos compará-lo a três outras áreas profissionais.

O primeiro desses paralelismos é com a medicina preventiva, pois a função de RP tem, entre seus principais objetivos, o de evitar (prevenir) que a empresa ou entidade venha a encontrar dificuldades no relacionamento institucional com seus stakeholders.

Outra comparação que se pode formular é entre RP e os seguros, uma vez que, em ambos os casos, ao investir nesses serviços, a empresa visa estar preparada para situações de crise e emergência, evitando prejuízo maior caso elas ocorram – mas sempre na esperança de nunca passar por algum momento crítico que justifique plenamente a despesa.

Também se pode traçar paralelo entre uma corte judicial e o tribunal da opinião pública, cabendo à mídia, neste tribu-

> **Entre os gestores de grandes empresas de sucesso, ninguém discute ser essencial construir e manter boa reputação aos olhos dos stakeholders.**

> **A função de RP tem, entre seus principais objetivos, o de evitar (prevenir) que a empresa ou entidade venha a encontrar dificuldades no relacionamento com seus stakeholders.**

nal, o papel do promotor (por vezes também de júri e carrasco). Neste caso, caberia ao responsável pelo trabalho de comunicação empresarial ou relações públicas a função de advogado de defesa da empresa (que fica na posição de ré) e à opinião pública – onde também estão os stakeholders da empresa –, a posição de juiz.

A PREPONDERÂNCIA DA MÍDIA

Entretanto, acima e além das funções de caráter defensivo, a que até agora aludi, a missão primordial do trabalho de relações públicas consiste em proporcionar à empresa que nele investe as ferramentas e a *expertise* necessárias para conhecer os processos que regulam a vida nacional, por meio das estruturas governamentais e legislativas, para, então, poder influir sobre eles em seu benefício.

Evidentemente, não se pretende que a empresa deseje ou sequer possa manobrar as autoridades governamentais ou os parlamentares. O que esse trabalho lhe proporciona são condições para, a qualquer momento, ter acesso, com credibilidade, aos setores executivos e legislativos federais, estaduais e municipais, a fim de conhecer as questões em debate, avaliar as decisões passíveis de ser tomadas e poder defender e promover seus interesses.

Esse processo político e administrativo que conduz a vida nacional não ocorre, contudo, por geração espontânea. Ele decorre, nos regimes democráticos, de uma vasta gama de forças e pressões exercidas por pessoas e setores específicos de maior influência imediata: os ocupantes de cargos públicos em todos os níveis, desde o presidente da República, incluindo ministros, parlamentares, governadores, prefeitos, vereadores e políticos da oposição, em âmbito federal, estadual e municipal.

Universalmente reconhecida por empresários, acionistas, investidores e executivos como de fundamental importância para o êxito das empresas e suas marcas, essa interface empresarial com tais setores do público – também stakeholders da empresa – é a parte do trabalho de relações públicas que recebe o título de relações governamentais, também conhecida como *lobby*. Apesar de popularmente associado a atividades ilícitas ou aéticas, esse trabalho, a rigor, consiste em diálogo, comunicação e informação, visando favorecer os interesses da empresa ou entidade para a qual é realizado.

Alguém poderá questionar: por que só os membros do Legislativo e do Executivo são alvos desse trabalho, e não os integrantes do Judiciário? A resposta tem dois aspectos. Por um lado, as autoridades do Judiciário também são alvo da estratégia informativa de relações públicas que pretende construir e projetar a reputação e imagem positivas da empresa. Por outro, não podem ser objeto do trabalho específico de relações governamentais (*lobby*) porque não é sua função legislar, e sim fazer cumprir as leis produzidas pelos outros dois poderes. Ao passo que o objetivo da empresa, com sua atuação em relações governamentais, é se prevenir do surgimento de legislação prejudicial a seus interesses e, quando necessário, dialogar com os parlamentares e autoridades que elaboram diplomas legais, a fim de que tais normas não sejam formuladas de maneira nociva à empresa, ao setor ou ao mercado.

> Com sua atuação em relações governamentais, a empresa visa prevenir-se do surgimento de legislação prejudicial a seus interesses e, quando necessário, dialogar com os parlamentares e autoridades que elaboram diplomas legais.

Mas os círculos políticos e governamentais não são os únicos atores a influir na progressão político-administrativa do país ou de um estado ou município – e portanto também na vida das empresas que neles operam. Sobre esses círculos, atuam ainda outros setores, grupos de interesse mais ou menos organizados, que os pressionam de diferentes formas para promover seus próprios objetivos.

Entre tais grupos destacam-se os líderes de opinião. No Brasil, infelizmente um país de baixa renda *per capita* e nível educacional insatisfatório, pode-se definir, de forma cruel mas abrangente, que os líderes de opinião são as pessoas que lêem jornais e revistas com cobertura de assuntos políticos, sociais e econômicos (porque têm interesse nessas questões e dispõem do dinheiro para comprar publicações a seu respeito – portanto, presume-se que tenham posições, opiniões e falem sobre elas com amigos, vizinhos, colegas

> No Brasil, país de baixa renda *per capita* e nível educacional insatisfatório, pode-se definir que os líderes de opinião são as pessoas que lêem jornais e revistas com cobertura de assuntos políticos, sociais e econômicos. São também os membros mais destacados das comunidades onde uma empresa tem instalações, assim como lideranças sindicais, instituições religiosas, entidades empresariais e financeiras, entre outros grupos.

de trabalho). São também os membros das comunidades onde uma empresa tem instalações, os estudantes, as lideranças sindicais, entidades religiosas, entidades empresariais e financeiras, os ecologistas, os sem-terra... Enfim, formam um imenso painel de forças maiores ou menores, extremamente vocais ou menos articuladas, que, em seu conjunto, compõem a opinião pública, aquele fenômeno que Rousseau chamou de "a rainha do mundo, perante a qual se curvam reis e potentados".

Todos esses setores, com ênfases relativas que variam de empresa para empresa, dependendo do potencial de impacto institucional que cada um deles pode ter sobre determinada companhia ou marca, são alvos de ações específicas do trabalho de relações públicas, da mesma forma como ocorre com os empregados, clientes e acionistas da empresa.

Quando os funcionários de uma companhia fazem greves ou passeatas, ou vão aos jornais, ao Legislativo ou ao Judiciário para denunciar irregularidades que estariam ocorrendo na firma em que trabalham, essas acusações, fundamentadas ou não, têm um poder de influência muito maior do que se partissem de outro setor da opinião pública. Isso acontece porque os trabalhadores são vistos pelos demais setores como fontes da mais elevada credibilidade, já que, afinal, são as pessoas mais próximas da empresa. E, quanto maior seu número, maior seu poder.

Da mesma forma que os trabalhadores, também os clientes de uma companhia a conhecem com alguma intimidade, bem como seu comportamento institucional, suas marcas, seus produtos e seus funcionários. Portanto, o que os clientes dizem a respeito de uma empresa é também digno da maior credibilidade e, conseqüentemente, de extrema importância para a formação e manutenção da reputação favorável da empresa, seus produtos e serviços.

> O que os clientes dizem a respeito de uma empresa é também digno da maior credibilidade e, conseqüentemente, de extrema importância para a formação e manutenção da reputação favorável da empresa e de seus produtos e serviços.

Quando localizados no exterior, os principais acionistas de uma empresa internacional só excepcionalmente exercem influência direta sobre a opinião pública brasileira. No entanto, o conceito que têm do profissionalismo, da competência e eficiência dos administradores nacionais é obviamente crucial para que a unidade da empresa no Brasil possa alcançar êxito. Por isso é indispensável que a filial ou subsidiária consiga projetar uma imagem positiva também aos olhos dos acionistas estrangeiros.

Se, por outro lado, trata-se de grande empresa de capital nacional, seus acionistas costumam exercer poderosa influência sobre os demais setores da opinião pública. Nesse caso, além de ter por meta imediata aprimorar o relacionamento com seus acionistas – o que é necessário até por lei –, o trabalho de comunicação empresarial deve ainda conseguir que os próprios acionistas também irradiem um conceito favorável sobre a empresa e suas marcas para os demais setores da opinião pública.

E, caso a empresa tenha capital pulverizado no mercado, é evidente que o conceito que dela fizerem seus muitos acionistas será igualmente importante, não só para sua capitalização e financiamento, como também para formar e preservar seu bom conceito perante os demais setores da opinião pública.

> A mídia é o setor estrategicamente mais influente e o de maior visibilidade da opinião pública, na medida em que difunde entre todos os demais suas atitudes e percepções, expressas ou apenas sugeridas, a respeito de uma empresa ou marca.

Chegamos então à mídia, o setor estrategicamente mais influente e o de maior visibilidade da opinião pública, à medida que difunde entre todos os demais suas atitudes e percepções, expressas ou apenas sugeridas, a respeito de uma empresa ou marca. Essa é a grande razão pela qual o estabelecimento e a manutenção de boas e fluentes relações com a mídia agregam valor e são de vital importância para uma companhia.

Apesar de não ser em si decisiva, a mídia influencia, mais que todos os outros setores, a opinião pública – incluindo governantes, parlamentares, acionistas, funcionários, clientes, círculos financeiros e os mais variados grupos de interesse – a respeito de uma empresa, seus produtos e serviços. Por isso, pelo prisma didático, não deve ser considerada um "público-alvo" propriamente dito, e sim um "público-meio", um grupo intermediário cuja opinião só é importante porque influencia fortemente todos os "públicos-alvo".

DEFESA E PROMOÇÃO

Esse quadro até aqui traçado torna, a meu ver, bastante claro que um competente trabalho de relacionamento com a imprensa efetivamente agrega valor à empresa e a suas marcas. Contudo, trafegando dos raciocínios mais abstratos para o nível prático, vejamos algumas razões específicas pelas quais o diálogo profícuo entre a empresa e a mídia constitui um significativo fator de agregação de valor.

Primeiramente, vamos raciocinar pela ótica da defesa institucional da imagem da empresa.

O avanço da democracia exige cada vez mais que pessoas, entidades, órgãos públicos e empresas se exponham permanentemente ao julgamento do público. E a mídia é fundamental nesse processo.

O crescimento exponencial das telecomunicações e da eletrônica, que traz em seu bojo a ampliação de todas as liberdades, também potencializa o papel da mídia, em seu mais largo sentido – TV, rádio, jornais, revistas, websites e o que mais vier por aí.

A empresa que investir adequadamente em relações públicas e no relacionamento com a mídia estará preparada, sob o aspecto de normas e procedimentos, para enfrentar as questões e emergências de comunicação jornalística no caso de ocorrerem crises institucionais.

Seus executivos também estarão pessoalmente preparados. E é fundamental levar em conta que essa preparação pessoal – com workshops de media training, por exemplo – é da maior importância porque nenhuma empresa tem voz própria. Elas só falam pelas bocas de seus executivos, que em geral não são "comunicadores", mas profissionais de finanças, marketing, engenharia etc., nem sempre donos de talento inato para fazer pronunciamentos públicos, dar entrevistas e suportar com galhardia a pressão de uma entrevista coletiva no ambiente constrangedor de uma crise institucional da empresa.

> O avanço da democracia exige cada vez mais que pessoas, entidades, órgãos públicos e empresas se exponham permanentemente ao julgamento do público. E a mídia é fundamental nesse processo.

> Nenhuma empresa tem voz própria. Elas só falam pelas bocas de seus executivos.

Investir no relacionamento com a mídia ajudará igualmente a evitar ou combater boatos, que, como se sabe, costumam ser negativos. A divulgação sistemática dos fatos relevantes da vida da empresa e suas marcas não só permite que a opinião pública e os jornalistas as conheçam – podendo, assim, construir uma muralha de credibilidade capaz de impedir que acreditem em qualquer boato pernicioso –, como também cria uma interface permanente com a imprensa, facilitando o diálogo e os esclarecimentos necessários.

O ápice de uma boa relação com a mídia ocorre quando o executivo passa a ser visto pelos jornalistas como "fonte", alguém que é consultado sempre que determinado assunto surge na pauta dos profissionais de imprensa. As "fontes" são o patrimônio profissional mais importante de qualquer jornalista, a ponto de o livro de endereços telefônicos de um bom repórter ser muitas vezes seu maior tesouro, pelo qual ele zela ferozmente. Essa relação – cuja construção tem seus meandros e mistérios, mas é perfeitamente possível – pode ajudar a viabilizar uma excelente matéria benéfica à empresa ou marca, a partir de uma pequena informação.

> O resultado publicado das entrevistas dos executivos da empresa será melhor se eles receberem treinamento para isso (o media training).

O resultado publicado das entrevistas dos executivos da empresa será melhor se eles receberem treinamento para isso (media training). Preparando previamente suas entrevistas, prevendo as perguntas mais incômodas, elencando as principais mensagens que pretendem transmitir, conhecendo as técnicas de perguntas e respostas, suas entrevistas serão mais eficazes sob o aspecto do interesse da empresa e do próprio perfil público do executivo. Claro, porém, que nem o melhor media training pode garantir que a entrevista se transforme em matéria publicada, nem que toda a fala do entrevistado seja aproveitada no texto. Esse treinamento indispensável assegura, sim, que se ampliem as probabilidades de isso acontecer.

Quando, por qualquer razão, a empresa precisar se relacionar mais intensamente com os jornalistas, os canais de comunicação entre eles, em duas vias de diálogo, estarão azeitados e facilmente utilizáveis, desde que a empresa invista permanentemente no relacionamento com a imprensa. Sempre que necessitar recorrer aos jornalistas, a empresa poderá ter acesso a eles em clima cordial, graças à credibilidade construída ao longo do tempo em que ela investe nesse relacionamento.

E agora, passando da postura defensiva e reativa, em que a empresa procura a imprensa a fim de se proteger dos reflexos negativos de uma crise institucional ou de imagem, para o lado proativo e promocional, vejamos alguns aspectos em que a empresa poderá apoiar-se na imprensa com o objetivo de favorecer sua reputação institucional e a de suas marcas.

Com a crescente importância da boa governança corporativa[1] para uma imagem favorável da empresa, a divulgação jornalística e a abertura da companhia a fim de prestar esclarecimentos solicitados pela imprensa são de grande valia para demonstrar à opinião pública a transparência de sua gestão.

O investimento em relações com a mídia também facilita a divulgação de fatos positivos da vida de uma empresa – novos investimentos, novas fábricas, novas iniciativas de negócios, atividades de preservação ambiental, entre outros. A divulgação das mensagens e dos posicionamentos institucionais de uma empresa é igualmente favorecida quando ela dispõe de uma relação permanente e regular com os jornalistas, tornando mais fácil utilizar a imprensa para, por exemplo, trazer a público suas opiniões sobre medidas governamentais, circunstâncias de mercado, e assim por diante.

Também a divulgação jornalística de produtos, serviços e suas características relevantes ganha mais possibilidades com o investimento permanente no relacionamento com a mídia. Evidentemente, não se cogita aqui substituir com notícias a indispensável publicidade paga, e sim potencializar seus efeitos com o "endosso" do interesse jornalístico pelo novo pro-

> A divulgação jornalística e a abertura da companhia a fim de prestar esclarecimentos solicitados pela imprensa são de grande valia para demonstrar à opinião pública a transparência de sua gestão.

---

1. A boa governança corporativa é a que assegura aos sócios eqüidade, transparência, prestação de contas (accountability) e responsabilidade dos administradores pelos resultados. Os interessados em conhecer mais sobre esse assunto devem procurar o Instituto Brasileiro de Governança Corporativa (www.ibgc.org.br).

duto ou serviço lançado pela empresa. A propósito, é bom lembrar que o fato de a empresa ser um grande anunciante não a torna necessariamente merecedora de espaço jornalístico. Claro que, em geral, quem investe intensamente em publicidade costuma ser uma empresa de vulto, cujos assuntos e posições terão mérito noticioso próprio. Mas não existe, pelo menos na mídia de maior prestígio, a relação automática "como-sou-grande-anunciante-também-sou-notícia".

Ao fazer divulgar jornalisticamente e com alguma constância a si própria e a suas marcas, uma empresa também reforça sua reputação e imagem institucional, ampliando, dessa forma, seu poder de atração dos melhores talentos do mercado, aprimorando sempre seus quadros de recursos humanos.

Enfim, essas são apenas algumas situações ilustrativas que permitem demonstrar concretamente de que forma o investimento sistemático no relacionamento com a imprensa ajuda uma empresa e suas marcas a aprimorar a imagem ante a opinião pública, inclusive aos olhos de instituições financeiras, fornecedores, acionistas e todos os demais stakeholders.

POR QUE ATENDER À IMPRENSA

No dia-a-dia, a primeira boa razão para atender um jornalista que telefona é evidentemente o fato de ele haver procurado a empresa para solicitar uma informação. Nesse caso, o melhor a fazer é pelo menos conversar com ele. Do contrário, poderá ser publicado que, procurada, a empresa não quis se pronunciar – o que sempre dá margem a dúvidas indesejáveis na cabeça das pessoas que lêem jornal ou assistem à televisão.

> O bom relacionamento com a mídia, fundamental quando se deseja trazer a público uma informação, constrói-se muitas vezes em circunstâncias fortuitas e não quando se precisa tirar proveito dela.

Outro bom motivo para atender ao repórter que procura a empresa é o fato de que, quando esta tiver necessidade ou interesse em divulgar alguma notícia, encontrará canal aberto com o jornalista que a consultou anteriormente e foi corretamente atendido. O bom relacionamento com a mídia, fundamental quando se deseja trazer a público uma informação, constrói-se muitas vezes em circunstâncias fortuitas e não quando se precisa tirar proveito dela. No momento em que a empresa precisar recorrer aos jornalistas, pela voz de seus executivos, é fundamental que estes já os conheçam.

Se a empresa estiver em alguma situação controversa, atender à solicitação de informações do jornalista é, pelo menos, conseguir que a sua versão dos fatos tenha alguma chance de também ser divulgada – obviamente melhor que ver publicada somente a versão contrária.

Aliás, quanto mais crítica a situação da empresa, mais importante será que ela não apenas atenda aos jornalistas, mas também busque intensamente informá-los, com base em cuidadoso posicionamento predeterminado. Tal posicionamento, que precisa ser adotado e difundido por todos na empresa, deve esclarecer a situação, demonstrar as razões da companhia e anunciar o que será feito para corrigir o problema. Fato é que as versões contrárias a seu interesse, verídicas ou não, justas ou injustas, certamente chegarão à mídia, freqüentemente em off, isto é, sem identificação da fonte e muitas vezes provenientes de dentro da própria empresa.

Mais que as firmas menores e as pessoas físicas, as grandes companhias são bastante exigidas institucionalmente pela população; quase como acontece com os órgãos governamentais. A partir de certa dimensão, elas se tornam mais que simples produtoras de bens e serviços. Pelo amplo espaço virtual que ocupam na cabeça das pessoas e no universo da vida nacional, regional ou local, elas passam a ser socialmente cobradas também em relação à atitude e ao perfil de cidadania.

Outro fator importante: quanto mais elevada a posição de um executivo na empresa, melhor ele precisa saber conversar com os jornalistas. Não há curso nem livro que ensine mais eficazmente essa técnica do que a prática. E, quanto mais perfeitamente ele conhecer as realidades do trabalho do jornalista – as pressões que sofre, os critérios que utiliza, as limitações de tempo a que está submetido –, melhor será seu diálogo com ele. Por isso, além de tomar a iniciativa de conhecer pessoalmente alguns jornalistas, é aconselhável visi-

> Quanto mais elevada a posição de um executivo na empresa, melhor ele precisa saber conversar com os jornalistas.

tar redações de jornais, revistas e emissoras de rádio e TV, a fim de conhecer a atmosfera que os repórteres e editores respiram e conversar um pouco sobre o dia-a-dia deles.

Tudo que é misterioso levanta suspeitas. Para o jornalista, justificadamente, uma empresa cujos executivos se ocultam da mídia e a evitam forçosamente sugere que tem algo a esconder. Aliás, nem é preciso ser jornalista para suspeitar. A fim de evitar o surgimento dessa cortina de reserva, que gera prevenção e má vontade, o executivo deve falar com a mídia sempre que solicitado, ainda que seja para explicar que, por tal ou qual motivo – questão *sub judice*, lei das sociedades anônimas, necessidade de sigilo em face da concorrência, por exemplo –, não pode dar a resposta desejada. Ou então que não dispõe da informação no momento, comprometendo-se a fornecê-la posteriormente (e, uma vez prometido, não esquecer de cumprir).

Além de atuar de forma reativa, atendendo às solicitações dos jornalistas, as empresas devem também agir proativamente, tomando a iniciativa de, sem exageros de autopromoção, informar a imprensa sobre suas realizações e atitudes. Ao adotar essa política, o executivo tornará sua vida muito mais fácil, colocando sua organização em um cenário de boa vontade entre os jornalistas.

Todos nós – cidadãos, entidades, empresas e órgãos governamentais – somos passíveis de julgamento em dois tribunais: o da Justiça e o da opinião pública. E, neste último, freqüentemente o papel de promotor – quando não, como dito anteriormente, também de juiz, júri e carrasco – é desempenhado pela mídia. Mais uma razão para estarmos próximos dos jornalistas, conhecendo seus métodos de trabalho e mantendo-os informados sobre nossas qualidades, procurando assim evitar a proliferação de acusações injustas.

É comum ouvir dirigentes de órgãos públicos e empresas se queixando de que os jornalistas não entendem as realidades com que tais entidades operam e, por isso, acabam distorcendo as informações que recebem. Se aceitarmos o pressuposto de que a mídia é parte inevitável da vida – como o resfriado, se quiserem os mais críticos, para o qual ainda não se descobriu remédio –, torna-se evidente que precisamos nos esforçar para familiarizar os jornalistas com as operações sob nossa responsabilidade, dando-lhes informações sempre que possível e convidando-os a conhecer nosso trabalho, por meio de um programa sistemático de almoços e contatos periódicos com um ou dois editores ou repórteres por vez, visitas a departamentos e fábricas e seminários informativos.

Ainda uma vez, porém, é forçoso esclarecer que, mesmo construída essa boa relação, nem sempre tudo que a empresa diz – e como diz – será publicado. E também que essa proximidade não significa uma vacina ou um escudo inexpugnável, muito menos uma "licença para matar". Comportamentos questionáveis, falta de transparência, ações condenáveis da empresa ou do executivo serão criticados pela imprensa, por melhor que seja a relação erigida.

Comportamentos questionáveis, falta de transparência, ações condenáveis da empresa ou do executivo serão criticados pela imprensa, por melhor que seja a relação erigida.

Algumas empresas vão além e investem no aprimoramento profissional dos jornalistas, patrocinando iniciativas como o curso de jornalismo do jornal *O Estado de S. Paulo*, o curso Master de Jornalismo para Editores e até a organização de workshops específicos sobre a própria companhia ou entidade, ou ainda sobre o setor a que pertence.

AS PEDRAS NESSE CAMINHO

Todavia, ainda que a empresa esteja perfeitamente aparelhada e invista seriamente no relacionamento com a mídia, não se pode esquecer das importantes mudanças pelas quais vem passando o mercado da comunicação. Mudanças traduzidas em maior complexidade do universo jornalístico, com o acréscimo de novos obstáculos às tradicionais dificuldades encontradas por aqueles que se dedicam profissionalmente ao trabalho de comunicação empresarial e relações públicas – e que, acredito, também seja importante elencar neste artigo.

Tais dificuldades são reconhecidas pelos executivos que conhecem bem esse trabalho. Eles sabem avaliar corretamente a forma como a tarefa é realizada, além de reconhecer os excelentes resultados institucionais e promocionais que ações dessa natureza podem alcançar, agregando valor à empresa e a suas marcas. Outros, sem experiência com essa atividade ou familiaridade com seus meandros, podem imaginar que o processo de interface com os jornalistas, visando à publicação de informações de seu interesse, é muito mais simples e fácil de ser realizado do que realmente é.

Para evitar a frustração decorrente da confrontação com as dificuldades encontradas no meio do caminho, o executivo deve conhecer e levar em conta algumas realidades importantes desse trabalho.

Primeira constatação: ao contrário de outras atividades promocionais e de comunicação empresarial, o serviço de relações públicas conhecido como divulgação jornalística, cujo objetivo é conseguir espaço noticioso na mídia para quem o realiza, não dispõe de regras e parâmetros fixos para sua execução. Não é como o trabalho dos advogados, que se balizam por leis e códigos escritos, determinantes dos procedimentos e prazos de um processo. Nem semelhante ao dos engenheiros, administradores ou contadores, que operam com números exatos, cuja lógica é imutável. Até profissionais que sempre precisam contar, não só com as regras científicas, mas também com a sorte e com a ajuda divina, como os médicos, dispõem de mais certezas, em sua atividade, que os de comunicação empresarial.

Por isso, se profissionais liberais que têm seus trabalhos correndo por trilhos fixos dificilmente podem garantir previamente o alcance de determinado resultado, é claro que os especialistas em comunicação empresarial e relações públicas têm ainda menos possibilidade de fazê-lo – como veremos a seguir. Em poucas palavras, é como se o resultado de 2 + 2 pudesse variar dependendo de um grande número de condicionantes de diversos tipos. Nesse caso, quem poderia assegurar que a soma resultaria sempre 4?

Outro aspecto fundamental do trabalho de comunicação empresarial, que precisa sempre ser lembrado pelos executivos, é o fato de que o profissional cujo dia-a-dia consiste em conseguir a publicação de notícias sobre seus clientes na mídia depende de tudo e de todos. O que, a propósito, explica por que um executivo deve ver com ceticismo o especialista em comunicação que garante ou promete mundos e fundos em matéria de divulgação jornalística.

O profissional depende de o executivo da empresa para a qual trabalha aprovar em tempo hábil o texto de um press release. Depende de ele se dispor a atender rapidamente os jornalistas que o procuram por telefone, ou a se deslocar até o estúdio de rádio ou TV – por vezes, em horários inoportunos – para conceder uma entrevista. Depende de o executivo ser antenado para os fatos de sua empresa que podem despertar interesse dos jornalistas e gerar notícias. Depende de o executivo ser pessoalmente simpático e capaz de conduzir uma conversa interessante com os jornalistas. Depende de ele falar na medida certa com a imprensa, nem em excesso, nem pouco. Finalmente, depende de o executivo conhecer suficientemente o trabalho de relacionamento com a imprensa para poder avaliar corretamente o desempenho do especialista e os resultados de seu trabalho.

Mas não é só. Na outra ponta, o profissional de relações públicas que trabalha com a imprensa depende dos jornalistas, em vários graus e aspectos. O jornalista tem de se interessar pela informação que queremos divulgar. Deve convencer seu chefe (o editor ou diretor de redação) da necessidade da publicação da matéria. Precisa conseguir tempo para redigir o texto ou entrevistar o executivo da empresa. Depois de marcada a hora para a entrevista, não deve ser desviado para fazer outra matéria mais importante ou mais "quente" que apareceu na última hora. Conseguir voltar à redação em tempo é indispensável para cumprir o prazo industrial de produção gráfica, de som ou de imagem. Precisa escrever ou produzir bem a matéria a fim de que seja aprovada por seu editor e não venha a ser "derrubada" ou adiada devido, por exemplo, ao fato de o texto não ter ficado bom. É imprescindível conseguir espaço no veículo para que o texto seja publicado, competindo com outras centenas de notícias diárias. Finalmente, é necessário que o jornalista ou seu editor não

Um executivo deve ver com ceticismo o especialista em comunicação que garante ou promete mundos e fundos em matéria de divulgação jornalística.

O sucesso da divulgação também depende de o executivo ser antenado para os fatos de sua empresa que podem despertar interesse dos jornalistas e gerar notícias.

corte da matéria o nome da empresa ou produto que gerou a pauta.

Ao especialista em comunicação empresarial e relações públicas cabe, em primeiro lugar, conhecer todas essas pendências que podem resultar em frustração do esforço – e evitar que isso ocorra. Por isso, ele deve redigir muito bem os press releases, sem erros de português, sem adjetivações publicitárias. Escrevê-los com boa estrutura jornalística, com exatidão de termos e com "valor-notícia". Precisa criar títulos atraentes para os jornalistas que receberão seus press releases e a quem diariamente são destinadas centenas de outras notícias, brindes, malas-diretas, faxes, e-mails, *junk-mails*, folhetos, telefonemas etc. Deve redigir de maneira a tornar impossível ou muito difícil para o jornalista eliminar do texto o nome da empresa ou do produto. É importante enviar a notícia para a imprensa em horário razoável, pois, se chegar muito tarde, não será publicada. E encaminhá-la a veículos e editores que tenham interesse na informação, por ser adequada a seus leitores.

A essência do trabalho do especialista em comunicação proativo é sua característica persuasiva. Ele não compra espaço nos veículos para reproduzir seu press release, nem pode exigir ou cobrar do jornalista sua publicação e muito menos a data em que ela deva ocorrer, sua dimensão, colocação no veículo, estilo etc. Menos ainda deve pedir para ler a matéria antes da edição. Para obter êxito, tem de convencer o jornalista de que aquela informação apresenta interesse noticioso e assegurar que o repórter ou editor receba e registre as informações corretas.

O trabalho de divulgação jornalística tem tantos imponderáveis e é tão dependente de todos os agentes do processo que é ideal para quem gosta de desafios. Alguns exemplos. O jornalista pode publicar alguma informação incorreta – é comum quando se trata de números. A matéria, já escrita, por qualquer razão, acaba não sendo publicada. O jornalista cancela de última hora a entrevista que estava marcada havia uma semana com o executivo da empresa. A matéria sai muito pequena para as expectativas do especialista e do executivo.

O texto é bom, mas o título, geralmente criado por outro jornalista, não corresponde ao conteúdo ou às ênfases da matéria. A reportagem mostra qualidade, mas não cita o nome da empresa ou da marca para a qual o especialista trabalha. Ou, então, convoca-se uma entrevista coletiva e, apesar de vários jornalistas confirmarem presença, na hora aparecem apenas dois ou três repórteres.

O especialista precisa orientar a empresa e o executivo que o contratam para não esperar que a notícia sobre a empresa, seu produto ou marca saia necessariamente no dia seguinte e idêntica ao press release enviado. Para que não tenham a expectativa de aparecer na capa da *Veja*, com alguma notícia rotineira. Não esperem que o jornal desminta o que publicou, ainda que o tenha feito de forma incorreta. Tenham bom treinamento para a interface com a mídia. Estejam convencidos de que o objetivo estratégico não é simplesmente "ser notícia" ou fazer autopromoção pessoal, e sim divulgar corretamente a empresa, suas mensagens institucionais, produtos ou marcas ao público que interessa. Considerem que, por vezes, pode ser importante usar outra ferramenta de comunicação – um folheto, um objeto, um *reprint* – juntamente com o press release, a fim de diferenciar sua informação para os jornalistas que a recebem. Não imaginem que o trabalho possa ser feito pelo profissional de comunicação sem a participação direta dos próprios executivos, dando informações e entrevistas. Tenham sempre em mente que só se deve promover uma entrevista coletiva quando o assunto realmente justificá-la. Saibam que, ao formular um texto ou sugestão de pauta, o especialista está buscando uma maneira de tornar a informação do cliente interessante para os jornalistas – em vez de tentar empurrar qualquer texto, sem tratamento jornalístico adequado, o que nunca dá certo.

É indispensável ainda que o executivo reconheça que o espaço editorial dos veículos é escasso e cada vez mais disputado por uma infinidade de fontes de notícias. E entenda que o trabalho de comunicação empresarial não constitui uma varinha de condão que, instantaneamente, leva o nome de sua empresa, produto ou marca a freqüentar com assidui-

O espaço editorial dos veículos é escasso e cada vez mais disputado por uma infinidade de fontes de notícias.

dade as colunas e as telas da mídia. Esse trabalho é, antes, o azeite na máquina que, de um lado, ajuda a detectar aspectos da empresa que possam ser transformados em notícia e, de outro, procura maneiras de sensibilizar jornalistas para que aproveitem essas informações em seus veículos.

Também é fundamental que o executivo ouça o profissional quando este lhe propuser determinado ponto de vista jornalístico para a informação que pretende divulgar. Esse enfoque, chamado "pauta", precisa de um "gancho", um fato de interesse jornalístico no qual seja possível "pendurar" a informação que se quer ver publicada. Caso contrário, se a informação não for envolvida por esse "gancho", não atrairá o interesse dos jornalistas, cujo ofício é obter notícias. O especialista deve também convencer o executivo a não discriminar o jornalista que não atue em um veículo de grande repercussão. O *turnover* é extremamente elevado nessa profissão, de forma que o repórter desprezado hoje poderá estar amanhã em uma publicação de grande relevância, ou ocupar posição mais elevada – e não esquecerá a desatenção de que foi objeto.

Da mesma forma, no contato com os jornalistas, o profissional precisa, acima de tudo, ter acesso e credibilidade – que são construídos ao longo dos anos. A conjugação desses dois atributos é essencial; é insuficiente dispor de apenas um deles. Além disso, não deve incomodar os jornalistas com pedidos absurdos ou descabidos para não se prejudicar, passando a ser visto como um "chato" a ser evitado. Se for indispensável insistir em algum pleito com um jornalista, o profissional precisa demonstrar "jeito", competência e senso de oportunidade. Deve ter conhecimento de que uma revista mensal fecha sua edição com sessenta dias de antecedência. Precisa entender que nem sempre um jornalista que comparece à entrevista coletiva publica a notícia. E que, por vezes, alguém que não apareceu telefona no dia seguinte e acaba produzindo uma matéria ótima. Tem de compreender que certas matérias ficam meses na gaveta, antes de ser publicadas ou inesperadamente "ressuscitadas" para uma entrevista.

> É fundamental que o executivo ouça o profissional quando este lhe propuser determinado ponto de vista jornalístico para a informação que pretende divulgar. Esse enfoque precisa de um "gancho", um fato de interesse jornalístico no qual seja possível "pendurar" a informação que se quer ver publicada.

Como se vê, para quem aprecia viver perigosamente, o trabalho de comunicação empresarial, em geral – e o de divulgação jornalística, em particular –, é um prato cheio. Porque depende por demais da experiência, criatividade, do conhecimento do trabalho jornalístico, da capacidade de redação e "venda" de matérias e da competência gerencial da pessoa física de cada profissional. Possui um forte ingrediente de artesanato, não podendo ser realizado com sucesso por quem o encara como uma indústria. Ao mesmo tempo, só alcança êxito quando executado por quem é respeitado pelos jornalistas e tem credibilidade entre eles – o que conduz as empresas e profissionais com tradição na imprensa.

Conta-se que certa vez um jovem procurou um grande poeta espanhol e lhe perguntou o que deveria fazer para se tornar um poeta como ele. A resposta foi: "É simples, você vai escrevendo os versos, acertando as rimas e a métrica, e assim você escreve poemas e vira um poeta". O jovem retrucou: "Sim, mas como devo fazer para me tornar um grande poeta, como o senhor?" Ouviu então: "Ah, para tanto hay que tener talento".

Para ser um bom profissional de comunicação empresarial e divulgação jornalística – como sabem os executivos equipados para bem avaliar esse trabalho –, a situação é semelhante. E acrescente-se: também é preciso, como os goleiros, ter sorte.

Ao desfiar toda essa longa relação de dependências, condicionantes e incertezas do trabalho de divulgação jornalística, ocorre-me que o executivo-leitor poderá indagar: "Mas então como vou justificar o investimento de tempo e dinheiro nesse trabalho, se não tenho certeza alguma e se há tanto risco de não alcançar sempre um resultado positivo?"

A resposta é que, em primeiro lugar, o resultado da divulgação jornalística não deve ser avaliado "no varejo", matéria por matéria, um dia por vez, cada press release individualmente, e sim em seu conjunto, mensurando-se periodicamente a quantidade e qualidade de menções favoráveis, desfavoráveis e neutras que a empresa ou marca recebeu na mídia. Essa é a melhor medida do sucesso desse trabalho.

> O resultado da divulgação jornalística não deve ser avaliado "no varejo", matéria por matéria, um dia por vez, cada press release individualmente, e sim em seu conjunto.

Em segundo lugar, o grau de competência e talento do profissional responsável pela execução do trabalho de divulgação jornalística também ajudará a reduzir as vulnerabilidades e ampliar as possibilidades de êxito do trabalho. Como, aliás, ocorre em qualquer ramo de atividade. Um contador melhor fará uma contabilidade mais correta. Um advogado mais brilhante encontrará nas páginas dos códigos caminhos jurídicos mais eficazes para quem o contrata. Um médico mais competente terá mais chance de salvar a vida de seus pacientes. Sempre lembrando que, como já foi dito, quanto maior a empresa, mais importante a marca, menos facultativo e mais inevitável e indispensável se torna esse trabalho.

A PROVA DOS DEZ

Em conclusão, vamos a um pequeno teste para avaliar se, após tudo o que foi dito, está devidamente demonstrado que o investimento no relacionamento com a mídia efetivamente agrega valor às empresas e a suas marcas.

1. Onde você prefere trabalhar: em uma empresa mencionada regularmente e de forma positiva em jornais e revistas, ou em uma companhia pouco conhecida?
2. De que tipo de empresa você compraria ações: de uma companhia cujas realizações e produtos são divulgados com alguma freqüência pela imprensa, ou de outra, com a qual isso não acontece?
3. Qual produto você prefere adquirir: o de marca conhecida e respeitada, ou seu concorrente pouco divulgado?
4. Sendo você um político que deseja atrair investimentos para sua região, prefere que ali se instale uma empresa conhecida, proprietária de marcas de prestígio, ou outra, que poucos conhecem?
5. Se você é um legislador ou um governante, sente-se mais seguro negociando com uma empresa de perfil aberto que se caracteriza por um bom relacionamento com a im-

prensa, ou com uma firma que não possui essas características?

6. Qual destas empresas terá melhor diálogo com o presidente da Comissão de Valores Mobiliários e com as autoridades do mercado financeiro: a companhia transparente, que fala à mídia sobre seu desempenho com freqüência e demonstra ter boa governança corporativa, ou a que se oculta?

7. Que tipo de empresa merecerá mais boa vontade da comunidade em que opera: a que participa ativamente da vida do local, com iniciativas próprias e apoio a projetos de terceiros, divulgando pela mídia essas e suas demais realizações, ou outra, que não adota tal estratégia e prefere ser pouco participativa e pouco conhecida?

8. A seus olhos, qual empresa terá melhor reputação e imagem: a que, vítima de uma crise institucional – um acidente industrial, por exemplo, ou acusações de qualquer tipo –, toma a iniciativa de ir à imprensa para dar explicações e informações, ou uma companhia que, acuada por essa espécie de problema, recusa-se a falar com os jornalistas e, quando mencionada nos jornais, é sempre como: "Procurada, a empresa não quis se pronunciar"?

9. Se você fosse um ecologista, para com que tipo de empresa teria uma disposição mais favorável: aquela que toma todas as providências de preservação necessárias e divulga esse fato pela mídia, ou uma companhia cuja atuação no campo ambiental é desconhecida?

10. Qual perfil de empresa tem maior probabilidade de ser vítima de uma greve: a que se relaciona e negocia de forma profícua com as lideranças sindicais, divulgando pela imprensa suas posturas e posições, ou a companhia fechada à opinião pública, que só se aproxima dos sindicatos de trabalhadores nas épocas de dissídio e nunca dá esclarecimentos aos jornalistas sobre suas propostas?

Não tenho dúvida de que as respostas a essas questões ajudarão a comprovar a correção da tese deste artigo, de que

O investimento das empresas no relacionamento com a mídia de fato constitui vigoroso fator de agregação de valor a seu nome e a suas marcas.

o investimento das empresas no relacionamento com a mídia de fato constitui vigoroso fator de agregação de valor a seu nome e a suas marcas.

O AUTOR

Nemércio Nogueira, jornalista, autor de Media training e outros livros sobre relações públicas e comunicação empresarial, é diretor de Assuntos Institucionais da Alcoa América Latina. Fundador da R.P. Consult Ltda., pela qual prestou consultoria a um grande número de empresas nacionais e globais, foi também diretor das Empresas Villares e da Salles/ Inter-Americana de Publicidade, tendo ainda presidido o Conselho Regional de Profissionais de Relações Públicas de São Paulo, Paraná e Mato Grosso do Sul.
E-mail: rpconnemercio@osite.com.br

2

Guia rápido de sobrevivência na mídia

José Luiz Schiavoni

Sua empresa contratou uma assessoria ou montou uma estrutura própria de comunicação. O planejamento estratégico e o plano de ação estão prontos. O trabalho de aproximação com a mídia já começou, press releases e pautas estão chegando às redações. Não demora e você se torna fonte, tendo de responder às solicitações de entrevistas, pessoalmente ou por telefone. E agora? Se a lição de casa foi feita, não há o que temer. Após a realização do media training, você está apto a falar com segurança e objetividade sobre lançamentos de produtos, estratégias comerciais, tendências de mercado e, até mesmo, a gerenciar inesperadas crises que envolvam a marca de sua corporação. Tudo fica mais fácil depois que a dinâmica de funcionamento e os códigos da imprensa foram entendidos. Mas, se você negligenciou o aprendizado, está em apuros. Ou se esconde dos jornalistas, ou adota a famosa frase dita pelo ex-ministro da Justiça Armando Falcão: "Nada a declarar".

O mundo corporativo ainda não acordou para a importância do treinamento de porta-vozes. No Brasil, empresas de todos os portes, nacionais ou transnacionais, não elegeram até agora a preparação de seus executivos no trato com a imprensa – o chamado media training – como um dos itens estratégicos de seus planos de comunicação. Em geral, investem em publicidade, na exposição de produtos e marcas em eventos e na difusão de informações pela assessoria de imprensa, além de realizar dezenas de coletivas ao longo do ano; entretanto, consideram a capacitação de seus porta-vozes uma prática a ser postergada que, portanto, pode esperar pelo próximo orçamento.

Do lado dos executivos, a coisa não é diferente. Muitos consideram o media training pura perda de tempo. Atropelados pelo dia-a-dia e pelo cumprimento de metas comerciais, evitam desperdiçar toda e qualquer hora que os afaste de suas atividades. Há também os céticos, que acreditam ser suficiente possuir o domínio de determinado assunto para falar com a imprensa, sem se arrepender no dia seguinte. Ledo engano. A arte de se relacionar com a mídia consome tempo, exige uma reflexão diária por parte dos executivos com base na cobertura da mídia e, também, conhecimento dos princípios e componentes que alimentam a dinâmica da indústria da comunicação.

> A arte de se relacionar com a mídia consome tempo, exige uma reflexão diária por parte dos executivos com base na cobertura da mídia e, também, conhecimento dos princípios e componentes que alimentam a dinâmica da indústria da comunicação.

Por que os jornalistas querem a entrevista sempre para ontem? Por que as entrevistas nunca são transcritas na ordem dos depoimentos? Por que os veículos de comunicação destacam apenas as informações negativas em sua cobertura? Esses são apenas alguns dos questionamentos que os profissionais de comunicação corporativa recebem diariamente. Quem faz a lição de casa normalmente se dá bem no quesito relações com a imprensa. Adotar uma postura de humildade e bom senso já é meio caminho andado, mas o media training é uma ferramenta fundamental para que se compreenda o dia-a-dia da imprensa. Mesmo para os executivos mais preparados, que já passaram por esse tipo de treinamento no passado, vale a recomendação de realizar uma atualização de tempos em tempos. Afinal, são inúmeros os exemplos de declarações desastrosas e de mal-entendidos com a mídia, o que, invariavelmente, traz prejuízos à imagem de profissionais, políticos, corporações, assim como de seus produtos e serviços.

Partindo do princípio de que aprender com os erros dos outros é uma forma eficaz de queimar etapas no aprendizado, vejamos, a seguir, três exemplos – dois de representantes públicos e um da iniciativa privada – de como uma declaração deslocada de contexto pode ter desdobramentos de grande repercussão.

Em junho de 2003, o presidente Luiz Inácio Lula da Silva causou grande alvoroço ao abrir mão do discurso escrito por sua assessoria e partir para o improviso durante um encontro na sede da Confederação Nacional da Indústria (CNI), em que se referiu de forma ambígua aos dois outros poderes da República. "Pode ficar certo que não tem chuva, não tem geada, não tem terremoto, não tem cara feia, não tem Congresso Nacional, não tem Poder Judiciário. Só Deus será capaz de impedir que a gente faça esse país ocupar o lugar de destaque que ele nunca deveria ter deixado de ocupar".

A chamada incontinência verbal do presidente Lula foi criticada abertamente pela oposição, pela imprensa – que repetiu o corolário dessa e de outras declarações infelizes do dirigente-mor da nação ao longo de seu primeiro mandato –, e, de quebra, serviu para adicionar pimenta ao debate sucessório, colocando em segundo plano qualquer ação positiva empreendida pelo governo federal. Ou seja, tudo que qualquer um dos estrategistas de comunicação da presidência queria evitar em relação à imagem de democrata do presidente naquele momento.

Lula deveria ter aprendido com Fernando Henrique Cardoso, que provavelmente se arrepende até hoje de uma declaração feita em maio de 1998. Presente ao 10º Fórum do Instituto Nacional de Altos Estudos, no Rio de Janeiro, FHC disse na ocasião que "as pessoas que se aposentam com menos de 50 anos são vagabundos que se locupletam de um país de pobres e miseráveis". O comentário desencadeou uma onda de críticas e obrigou o ex-presidente a recuar pouco tempo depois, explicando que se referia aos marajás do serviço público. O episódio não causaria tantos dissabores a Fernando Henrique se ele tivesse seguido um dos mais batidos conselhos dos programas de treinamento de porta-vozes: não se deixar tomar pela emoção ao falar em público.

É curioso notar que políticos e empresários se preparam para falar em público, dar palestras, ministrar aulas em universidades, comandar reuniões de diretoria e, contudo, relutam em investir no entendimento da dinâmica do funcionamento da mídia. Aí, na hora da coletiva de lançamento do produto carro-chefe da empresa, da queda das ações na bolsa, da retirada do medicamento do mercado ou da crise causada por um crime ambiental, a improvisação entra em cena. Moral da história: a imagem, o maior patrimônio de qualquer profissional – e, por extensão, de sua empresa ou entidade –, fica irremediavelmente comprometida.

> Quando a improvisação entra em cena, a imagem, o maior patrimônio de qualquer profissional – e, por extensão, de sua empresa ou entidade –, fica irremediavelmente comprometida.

Foi o que aconteceu, por exemplo, com Francisco Macri, um experiente capitão da indústria argentina. Do alto de seu posto de maior empresário daquele país, Macri, em janeiro de 2002, declarou a um dos editores de uma revista semanal brasileira de economia e negócios que a sede de seu império estava de mudança para o nosso país. No final da entrevista, em um momento de descontração, a pergunta foi inevitável: "O senhor já se considera mais brasileiro?" A resposta de Francisco Macri, seguramente, causou enorme repercussão em terras argentinas, principalmente pelo fato de que alguns herdeiros de sua família têm pretensões em relação ao futuro político daquele país.

A primeira reação do empresário foi típica. Negou tudo na imprensa argentina. Afinal, dez entre dez personalidades públicas já pensaram em negar a existência de uma entrevista ou de parte dela em uma situação semelhante. Entre pensar e agir nessa linha de raciocínio vai, é lógico, uma distância muito grande, principalmente quando a negativa envolve alguns agravantes: o primeiro deles, a entrevista havia sido gravada. A revista também abrira uma exceção, por conta do idioma do empresário argentino. Antes do fechamento da matéria, o editor enviou um fax com a íntegra da entrevista de

Macri, que devolveu o texto sem emendas, adicionou um "Parabéns" e sua assinatura ao pé da última lauda da matéria, em um típico caso no qual a emenda ficou muito pior que o soneto.

Pare e reflita rapidamente. O que os personagens dos três casos acima têm em comum? Talvez, a principal semelhança seja a de subestimar, cada um a seu modo, a agilidade, o poder de mobilização e a capacidade de discernimento da mídia. Quando você se torna fonte, transforma-se em uma pessoa pública. E é verdade irrefutável que as pessoas públicas jamais podem correr o risco da impetuosidade.

> **Quando você se torna fonte, transforma-se em uma pessoa pública. E é verdade irrefutável que as pessoas públicas jamais podem correr o risco da impetuosidade.**

PERCEBENDO A NOTÍCIA COMO O JORNALISTA

Se a imprensa é uma das melhores vias, ou pelo menos a mais abrangente, de estabelecer comunicação com os diversos atores sociais – os chamados stakeholders –, é óbvio que precisamos entender o universo dos jornalistas a fim de efetivar esse diálogo de maneira proveitosa para os dois lados. Devemos buscar o modelo ideal de relacionamento, assim como fazemos com clientes, funcionários, investidores e fornecedores, entre tantos públicos com os quais deparamos no cotidiano.

E não se trata de encenar um comportamento, criar uma pantomima, mas de buscar o tão falado equilíbrio entre o interesse da empresa e o interesse público, pois é a este último que o jornalista está vinculado. É dessa maneira que a corporação legitima sua credibilidade e garante sua sobrevivência. É dessa forma que ela é aceita e, por que não dizer, beneficia-se. No jornalismo sério, não há espaço – e o porta-voz deve ter consciência disso – para que os interesses privados se sobreponham aos interesses públicos.

Mas também, com toda a certeza, a relevância dos fatos e ações particulares move e constitui o noticiário. Portanto, resta-nos saber qual é o foco dos meios de comunicação e qual a forma mais eficaz de garantir visibilidade para a corporação. Conciliando códigos e formatos, é possível transformar as informações de qualquer companhia em um grande valor estratégico, uma vez que a matéria-prima do jornalista é a informação, preferencialmente exclusiva, atual e útil a determinado grupo de leitores, espectadores ou ouvintes. Levando-se em conta que toda empresa, de qualquer porte, segmento ou origem, gera informação, o papel do pessoal de comunicação, juntamente com os demais executivos da empresa, é verificar qual seu potencial de virar notícia, ainda que ela não tenha o poder de abalar o planeta.

É importante enfatizar, entretanto, que atrair a atenção de um veículo de comunicação não é uma ação trivial. Deve-se exercer uma postura autocrítica, muitas vezes colocando-se no papel de um jornalista, para validar se a iniciativa que se pretende com a mídia faz sentido e se o conteúdo proposto possui a dimensão correta. Colocar-se no papel fictício de um editor, cuja atividade principal é a de separar o que é verdadeiramente notícia daquilo que tem importância menor, é um exercício que ajuda a queimar etapas e a entender o pensamento da mídia.

Outra regra muito importante é estabelecer com os jornalistas um relacionamento de mão dupla. Muitos executivos pecam ao imaginar que é fundamental atender à imprensa apenas quando o assunto é positivo ou de interesse da corporação, e que para todos os demais casos existe a assessoria de imprensa, que encontrará a maneira correta de procrastinar, de tergiversar ou, como dizem os profissionais da área, de empurrar a pauta incômoda com a barriga. Muitos profissionais de comunicação podem não ter uma memória prodigiosa para arquivar mentalmente números e declarações ao longo dos anos, mas certamente a esmagadora maioria dos jornalistas se lembrará, por décadas, daqueles executivos que enxergaram a mídia apenas sob o aspecto do oportunismo, nos momentos em que a cobertura lhes era plenamente favorável, em oposição às situações mais difíceis, nas quais a fonte tinha o dever de esclarecer e de informar corretamente a população.

Entre os itens que podem levar com destaque sua empresa para as páginas de jornais, revistas e websites, além do rádio ou da telinha da TV, figuram:

> Certamente, a esmagadora maioria dos jornalistas se lembrará, por décadas, daqueles executivos que enxergaram a mídia apenas sob o aspecto do oportunismo, nos momentos em que a cobertura lhes era plenamente favorável.

- Lançamento e aperfeiçoamento de produtos e serviços
- Novos negócios, acordos, parcerias, aquisições e fusões
- Números financeiros e estatísticos (vendas, faturamento, crescimento, investimentos etc.)
- Participação em eventos e contratações
- Campanhas promocionais e publicitárias
- *Cases* de sucesso com clientes e parceiros
- Posturas inovadoras no âmbito da responsabilidade social
- Parcerias inteligentes que revertam diferenciais concretos em relação à concorrência

Conhecendo melhor a percepção do jornalista sobre o que é e o que não é notícia, o empresário ou executivo evita, como se diz na gíria, "queimar o filme" com jornalistas e publicações. Sob essa ótica, é possível resguardar sua imagem e/ou de sua companhia, ao deixar de convocar uma coletiva para divulgar um assunto que não reúna todos os ingredientes que justifiquem um evento de tamanha magnitude.

O MANUAL DE SOBREVIVÊNCIA

Todo media training termina com a distribuição de uma folha de papel com o bê-a-bá do relacionamento entre fonte e jornalista. Ela é padrão nos treinamentos. Usual também é o participante esquecê-la sobre a cadeira ou deixá-la perdida em alguma gaveta. Se o leitor não tem conhecimento dessas regras, faça um resumo das páginas deste livro e deixe sobre sua mesa. Sempre que puder, releia. Os tópicos a seguir não determinam uma camisa-de-força, e sim orientam para uma convivência menos tensa com representantes da mídia. O pequeno guia é fruto de muitos anos de exercício da atividade de comunicação empresarial ao lado de Ronaldo de Souza (com quem divido as principais teses deste artigo) e contou, também, com a participação espontânea de alguns profissionais da área. Podemos chamá-lo de "Decálogo da boa comunicação com a mídia".

Pensarás no leitor e no espectador

A matéria-prima da imprensa é a notícia ou informação que possa interessar aos leitores. A chave para obter um bom relacionamento com a imprensa é muni-la de notícias e fatos corretos e concretos. É válido eleger determinado veículo para divulgar um fato específico. Mas estabeleça um rodízio na concessão deste privilégio de forma a não melindrar ninguém. Nas entrevistas, não dê respostas evasivas nas quais nem você acredita.

> **É válido eleger determinado veículo para divulgar um fato específico. Mas estabeleça um rodízio na concessão deste privilégio.**

Criarás canais de comunicação com a imprensa

E cuide de mantê-los abertos. Forneça informações úteis mesmo que sua empresa não esteja sendo focalizada. Plante para o futuro. É importante que os jornalistas tenham acesso permanente e imediato a alguém na empresa, caso você não seja a melhor fonte de informação para determinado assunto. Colabore.

Fornecerás informações precisas

Faça a lição de casa antes de dar as entrevistas. Saiba com quem está falando. Consulte a assessoria de imprensa ou o departamento de marketing antes de se manifestar. Levante todas as informações pertinentes ao assunto da entrevista com antecedência. Prepare-se. Nunca deixe sem resposta questionamentos de jornalistas. Não fale na base do "Eu acho", "Não me lembro", "Pode ser" etc. Seja didático, ofereça material de apoio. Não perca a oportunidade de propagar fatos e idéias.

Demonstrarás confiabilidade

Imprima agilidade e rapidez às respostas, jamais atrase a divulgação de informações; porém, não se antecipe a fatos e documentos oficiais, principalmente se a sua corporação possuir ações no mercado. Procure interferir na pauta no início do trabalho do jornalista. Deixar para o último dia é inútil. Procure marcar posição em assuntos controvertidos, mas de forma inteligente e educada. Seja equilibrado nas respostas. Cuidado com a arrogância, o grande inimigo oculto. Em muitos casos, é possível reverter pautas negativas.

Não mentirás

Ainda que a imprensa não possa checar suas declarações na hora, a verdade acabará aparecendo. Se uma empresa mente ao público, corre o grave risco de ser desmoralizada. Em casos-limite, mantenha silêncio sobre informações confidenciais. Em geral, os jornalistas aceitam um não como resposta, desde que acompanhado de uma justificativa plausível, mesmo que seja um simples "Nossa companhia trata esse tipo de informação como confidencial e, infelizmente, não posso fazer qualquer comentário adicional".

> Os jornalistas aceitam um não como resposta, desde que acompanhado de uma justificativa plausível, mesmo que seja um simples "Nossa companhia trata esse tipo de informação como confidencial e, infelizmente, não posso fazer qualquer comentário adicional".

Não abusarás do off the record

O off coloca o jornalista em uma situação embaraçosa. Mais atrapalha que ajuda. A decisão entre a palavra empenhada e o dever de informar não é fácil. Em circunstâncias normais, delegue à sua assessoria a transmissão do conteúdo que não pode ser atribuído a você, como fonte. Os profissionais das boas agências de comunicação corporativa têm excelentes relações com colunistas, editores e chefias de reportagem, justamente pela correta interpretação das informações, sejam elas em on ou em off. (Leia mais sobre o off no próximo tópico: "Sinal amarelo: o que não fazer".)

Não evitarás a imprensa

Na sociedade moderna, ainda que queira, uma empresa não pode e não deve se desligar da comunidade. Suas ações, sua estratégia e seus investimentos afetam a sociedade. A relação entre as empresas e a opinião pública deixou de ser um gesto magnânimo. Trata-se de uma obrigação. Nunca deixe sem resposta questionamentos de jornalistas. É muito melhor dizer: "Não posso falar sobre assuntos confidenciais ou sobre temas que eu desconheço". Seja equilibrado nas respostas. Mais uma vez, cuidado com a arrogância, o grande inimigo oculto.

Não tentarás impedir a publicação de notícias desagradáveis

Se o fizer, chamará ainda mais a atenção para o fato, que ganhará mais destaque do que antes. O recomendável, nesses casos, é dar a melhor explicação possível. A versão da empresa pode colocar uma pá de cal no assunto.

Não pedirás para ler a matéria antes de sua publicação

Não se pode confundir uma matéria editorial com matéria paga ou anúncio. Sobre ela, não temos qualquer controle. A melhor saída é munir o jornalista do maior número de informações possível. Certifique-se de que ele entendeu bem a sua explicação. Evite interpretações dúbias em suas respostas. Quanto mais um jornalista souber sobre determinado assunto, menor será o risco de cometer um erro grave de interpretação ao escrever ou levar a matéria ao ar.

Não misturarás jornalismo com publicidade

Na grande imprensa, nos veículos que realmente importam e formam opinião, não existe vínculo entre a aplicação de verba publicitária e a cobertura editorial. Publicidade é uma coisa e redação é outra. O corte de anúncios não altera a linha editorial e quem sai prejudicado é o próprio anunciante. Por extensão, não use a sua agência de publicidade para pressionar o editor ou a redação. É até possível que se consiga algum resultado imediato. Mas tanto a empresa quanto a agência ganharão a antipatia da redação para sempre. Solicitar apoio aos donos das empresas jornalísticas também é inócuo, pois o *bypass* evidentemente não é bem acolhido. Gera mal-estar. Portanto, o ideal é fazer contatos com os responsáveis diretos. Com a cúpula, só em casos extremos e justificados, ou seja, quando a redação não estiver fazendo uma cobertura isenta, que considere todos os atores sociais envolvidos.

Apesar de não integrar o decálogo acima mencionado, uma regra de ouro para todos aqueles que, de alguma forma, planejam ou já se relacionam com a mídia é tratar sua consultoria de comunicação como médico, advogado ou mesmo "padre confessor", de quem não se deve esconder nenhuma mazela. Não importa o quão complicada ou confusa seja a situação em que sua organização ou você estejam envolvidos, não deixe seu assessor de imprensa à margem dos fatos. Somente baseada no cenário correto, a equipe de comunicação poderá definir a melhor maneira de se comunicar com a mídia: entrevista, coletiva de imprensa, nota oficial, comunicado reativo, visita às instalações da empresa etc. É importante lembrar, também, que o bom profissional de comunicação corporativa não aceita ser porta-voz de inverdades, nem se posiciona como um muro ou uma barreira para a mídia. Afinal, assessores de imprensa e profissionais de veículos exercem papéis diferentes, mas a conduta de respeito mútuo e ético transcende suas atividades.

O MOMENTO DA ENTREVISTA: A HORA H

Não desmorone diante de um microfone ou gravador. Se a lição de casa for bem-feita, a chance de sua entrevista ser um sucesso é grande. Afinal, você é o especialista e é por esse motivo que a imprensa quer ouvi-lo. Basta ter visão clara do tema a ser tratado na entrevista e ser capaz de comunicá-la. É preciso interpretar a informação, e não apenas passá-la ao jornalista. Em suma, o perfil da fonte ideal contempla qualidades como objetividade, consistência, assertividade e didática. Além de atentar sempre para que a informação e o próprio entrevistado sejam confiáveis.

> **Não desmorone diante de um microfone ou gravador. Afinal, você é o especialista e é por esse motivo que a imprensa quer ouvi-lo.**

> **Antes da conversa com o jornalista, eleja de três a cinco pontos importantes para se aprofundar. São as famosas key messages. A fonte deve conhecer, com antecedência, o perfil da publicação, do jornalista e o maior número possível de detalhes da pauta.**

Antes da conversa com o jornalista, eleja de três a cinco pontos importantes para se aprofundar. São as famosas key messages. A fonte deve conhecer, com antecedência, o perfil da publicação, do jornalista e o maior número possível de detalhes da pauta. Isso porque, para cada veículo, a mensagem tem um formato. É preciso saber se o veículo de comunicação é orientado a serviços, produtos, ou se o viés é técnico ou econômico, por exemplo. Tecnologias, periodicidade, interesses definem o que falar e como falar.

Na hora da entrevista, não improvise. Idealmente, a conversa deve se apoiar em material escrito. Ao ser entrevistado por emissoras de rádio ou TV, as respostas precisam ser rápidas e concisas. Já jornalistas da internet buscam informações pontuais que possam funcionar como um grande serviço ao internauta. Tenha à mão, sempre que possível, dados (estatísticas, pesquisas, tendências) do setor sobre o qual está falando.

O jornalista normalmente compreende – se receber uma justificativa plausível – quando o executivo se nega a comentar questões polêmicas ou está impedido de dar informações estratégicas e/ou sigilosas. Portanto, não especule, abstenha-se de fazer críticas aos concorrentes ou dar declarações que possam denotar preconceitos. Se você não pode responder a uma pergunta, explique claramente os motivos que o impedem de atender à solicitação, ainda que seja por motivos de sigilo. Apoiado no mesmo princípio, só utilize afirmações como "Não tenho esse dado no momento", quando realmente for esclarecer a dúvida posteriormente. Aliás, a fonte deve saber que não existem perguntas indiscretas, apenas respostas.

Importante nesse contato é o cuidado com a linguagem. Logo, não exagere na utilização de termos técnicos, siglas e modismos, como expressões em inglês ou economês. E, regra número um, mantenha um discurso racional, sem rompantes emotivos ou agressivos. Fotógrafos ou câmeras nunca avisam quando vão capturar suas imagens, e ser flagrado empurrando alguém não fica bem nem mesmo para as celebridades.

Por último, não se esqueça de levar seu cartão de visitas. Assim, seu nome não será grafado de maneira errada na matéria e o jornalista terá como encontrá-lo em uma próxima oportunidade.

SINAL AMARELO: O QUE NÃO FAZER

Mal informado, confuso, excessivamente marqueteiro e arrogante. Com esse perfil, o executivo tem grande chance de se tornar *persona non grata* entre os jornalistas. Se não retornar às solicitações feitas por telefone/e-mail ou se evitar a menção de números básicos que ajudarão a contextualizar a matéria, estará, com certeza, liquidado. Também ficará na geladeira por algum tempo se os jornalistas perceberem que está sempre inventando situações para ficar em evidência, buscando propaganda gratuita ou criando factóides.

O ditado "A pressa é inimiga da perfeição" certamente não se aplica aos profissionais da imprensa, uma vez que eles precisam fazer o melhor possível dentro de prazos apertados e em condições de trabalho que costumam estar longe das ideais. Jornais, revistas, telejornais e sites têm horários rígidos de fechamento e, portanto, tempo é vital para eles. Justamente por esse motivo, recomenda-se que o entrevistado não se atrase, não deixe a equipe esperando e vá direto ao ponto quando a situação permitir. E, pelo fato de que os jornalistas formam um grupo profissional com características únicas, tente contribuir para que o profissional consiga cumprir a pauta com eficiência. Dê informações pertinentes e no menor tempo possível. Se ele gostar, com certeza irá recomendá-lo a seus colegas de ofício e de lazer, afinal jornalistas são como médicos e advogados: trabalham juntos, divertem-se juntos, visitam-se uns aos outros e, em todas essas ocasiões, referendam ou questionam a capacidade de seus interlocutores cotidianos.

No caso específico das coletivas, vale uma dica: uma coletiva de imprensa convocada para o período da manhã ou no horário do almoço poderá atrasar trinta minutos, no máxi-

> Jornalistas são como médicos e advogados: trabalham juntos, divertem-se juntos, visitam-se uns aos outros e, em todas essas ocasiões, referendam ou questionam a capacidade de seus interlocutores cotidianos.

mo, dependendo do local e das circunstâncias climáticas ou de trânsito. Já no período da tarde, qualquer atraso superior a quinze minutos será imperdoável, pois, sob a pressão do fechamento, os jornalistas se desinteressarão rapidamente pelo teor da coletiva quando o deadline bater à porta.

As redações dos veículos de comunicação hoje trabalham no limite. Jornalistas aflitos – e normalmente mal pagos – precisam cumprir os prazos e realizar cada vez mais tarefas. Não existem mais as figuras do revisor ou do copidesque. O repórter, de posse da pauta, tem de achar a fonte, apurar, checar as informações e entregar um texto final, sem erros, com título, subtítulo (ou olho) e legendas das fotos.

Além da pressão dos fechamentos, o profissional de comunicação precisa conviver diariamente com o eterno deadline da aldeia global, na qual os acontecimentos vão triscando o planeta a uma velocidade antes inimaginável, e cabe aos jornalistas repercutir esses acontecimentos da melhor forma possível, no menor tempo exeqüível. Pode ser dia 10 de setembro de 2001, mas também pode ser dia 11. Para um profissional de imprensa, a única verdade absoluta é que nenhum dia é igual ao outro.

A boa fonte, portanto, é aquela que resolve o problema. Atende de pronto às solicitações do jornalista ou retorna com rapidez aos telefonemas, ainda que seja para dizer que não é a pessoa adequada para falar sobre o assunto. Por todos os motivos expostos acima, a fonte exerce sim um papel decisivo no processo de produção dos veículos. Ao estabelecerem um pacto de profissionalismo e seriedade, fonte e jornalista podem construir uma parceria que trará grandes benefícios para a sociedade, com absoluta isenção de papéis.

O executivo que demora a retornar a ligação, ou nem isso faz, comete vários erros. Manifestando-se tardiamente, corre o risco de não entrar mais na matéria ou de ter apenas uma frase sua aproveitada de forma secundária, além de dar espaço para a concorrência divulgar suas idéias, estratégias e ações. Já aquele que ignorou o chamado com certeza não será mais procurado e, ainda, atrairá para si a má vontade do profissional, se houver necessidade de um contato no futuro.

A percepção de má vontade para com um profissional de imprensa, lembre-se, acompanhará o jornalista onde ele for. Essa é, aliás, uma falha corriqueira cometida por empresários, executivos e pessoas públicas. Ao se recusar a atender a uma solicitação de um veículo de menor expressão, você pode estar contaminando o relacionamento com seu representante para toda uma vida. O mesmo profissional, agente de um mercado cuja característica marcante é a rotatividade, pode vir a ocupar no futuro um cargo de decisão em veículo importante e não se esquecerá do descaso do qual foi vítima no passado.

Como todo mundo, o profissional de imprensa não gosta de ser usado. Manipular informações, usando o sigilo conferido pelo off the record com segundas intenções, ou simplesmente dar declarações sem estar bem fundamentado, baseado em comentários de mercado, são atitudes que cairão como uma bomba sobre a reputação da fonte. Escândalos corporativos e políticos não raro têm sido estampados nas páginas dos jornais. Muitos deles trazem como personagem central a fonte que tentou utilizar a imprensa para salvaguardar interesses particulares.

No cenário político, o senador Antônio Carlos Magalhães viu, em 2003, o off quebrado pelo jornalista Luiz Cláudio Cunha, a quem confessou ter sido o mentor da colocação de escutas telefônicas ilegais na Bahia. O informante, nesse caso, foi seu próprio delator. A intenção do senador, disse o jornalista à época, era usufruir politicamente do produto do crime, razão suficiente para romper o compromisso de sigilo da fonte. Criticado por colegas, Luiz Cláudio declarou ao jornal *O Globo*: "O off deixou de ser aceito porque ACM passou a não merecê-lo. Sacrilégio seria ignorar seu envolvimento no caso. Jornalismo não é igreja, repórter não é padre, off também não é dogma. É hora de quebrar o off".

Menos grave, mas não menos prejudicial à transparência do relacionamento, é a iniciativa de enviar cartas desmentindo fatos comprovados pela reportagem da publicação com a intenção de amenizar a situação perante a opinião pública. A tréplica pode ser ainda pior, com o profissional da imprensa

> Não menos prejudicial à transparência do relacionamento é a iniciativa de enviar cartas desmentindo fatos comprovados pela reportagem da publicação com a intenção de amenizar a situação perante a opinião pública.

adicionando novos e piores dados à questão, fruto da continuidade das investigações.

O desconhecimento dos aspectos operacionais também pode comprometer a convivência com os jornalistas. Ligar em momentos inoportunos como horários de fechamento, enviar press releases indiscriminadamente e realizar coletivas sem apelo jornalístico são algumas atitudes malvistas pela imprensa.

APLICANDO OS ENSINAMENTOS DO MEDIA TRAINING A SEU DIA-A-DIA

Nas páginas anteriores, apresentamos um breve porém objetivo panorama da arte de se relacionar com a mídia, e de como a comunicação empresarial é diferencial competitivo e motor para o sucesso dos negócios. Apreendidos os conceitos básicos e as dicas de sobrevivência, é hora de caminhar com cautela, mas sem medo. Agora é preciso, sim, reservar tempo. Procure ler mais de um jornal por dia, compare o tratamento dado às informações e aos diferentes ângulos da notícia. Desconfie do articulista raso em argumentos, do colunista que sempre usa as mesmas fontes. Compare e analise. Aprender com os erros alheios é, sem dúvida, uma forma inteligente de queimar etapas. Mas isso só não basta. Também é imperativo investir um tempo considerável para atender os jornalistas, ainda que o executivo não tenha qualquer garantia de aparecer com destaque ou mesmo de ser citado na matéria. Tempo para explicar tintim por tintim o assunto ao repórter iniciante. Tempo para dar aquela entrevista no último horário do expediente, ou fora dele, porque o profissional de imprensa está com seu fechamento atrasado e não pode aguardar pelo dia seguinte. Tempo para encontros informais com jornalistas visando à simples troca de idéias e informações.

Esse investimento é importante para fortalecer a relação e fazer do entrevistado casual de hoje a fonte permanente de repórteres, editores e colunistas de amanhã. Trata-se de uma fração importante do investimento na construção da imagem

É imperativo investir um tempo considerável para atender os jornalistas, ainda que o executivo não tenha qualquer garantia de aparecer com destaque ou mesmo de ser citado na matéria.

pública, da reputação sólida. Por isso, é fundamental incorporar essa filosofia para tornar-se protagonista no mundo da comunicação empresarial e passar a ser fonte natural da imprensa. Abrir e manter esse canal de comunicação traz dividendos para os relacionamentos comerciais, para a imagem pessoal e para o reconhecimento positivo dos públicos prioritários das corporações. Afinal, é também pela mídia que a empresa propaga o sentido de sua existência.

O AUTOR

José Luiz Schiavoni, jornalista profissional há vinte e quatro anos, formado pela Escola de Comunicações e Artes da Universidade de São Paulo (ECA/USP), iniciou sua carreira na revista *Somtrês* e, posteriormente, integrou a equipe que criou o caderno de tecnologia do jornal *Folha de S.Paulo*, na década de 1980. Trabalhou como repórter, editor-assistente e editor de diversas revistas. Em 1989, deixou o cargo de editor-chefe do DataNews/ComputerWorld para fundar a S2 Comunicação, em sociedade com Ronaldo de Souza. Profissional especializado em projetos de gerenciamento de crise e programas de treinamento e capacitação de executivos, participou ativamente da criação da Associação Brasileira de Agências de Comunicação (Abracom). Em 2004 foi eleito presidente da entidade e, posteriormente, reeleito para o biênio 2006/ 2008.
E-mail: joseluiz@s2.com.br.

3

Comunicação de crise: como reduzir riscos e potencializar a relação com a imprensa

LUCIANE LUCAS

Este texto levanta algumas questões de ordem prática relativas à comunicação com a mídia em situações de crise. É possível que, neste momento, você compartilhe algumas das inúmeras dúvidas que os executivos têm quando se trata de lidar com a imprensa em fases de vulnerabilidade corporativa – em caso de contaminações de produto, acidentes em plantas industriais, vazamentos com riscos socioambientais, entre outras possíveis contingências. Em que medida a transparência reduz a vulnerabilidade de uma empresa? Até que ponto pode um gestor se abster de falar com a imprensa? Como evitar distorções em declarações públicas e entrevistas? O que não esperar dos veículos e das assessorias de comunicação? Estas e outras questões estão presentes neste texto, na expectativa de suscitar algumas primeiras reflexões sobre a condução de crises.

NOS ESCOMBROS DO ESCÂNDALO, OS SINAIS DE UMA CRISE ANUNCIADA

Sempre que se fala de crise corporativa, é comum que volte à cena uma antiga pergunta: até que ponto se poderia ou não evitá-la? Embora alguns casos retratados pela mídia apontem certa negligência das empresas quanto à fragilidade de suas rotinas, cabe lembrar que praticamente tudo pode desencadear uma crise – de uma possível demissão em massa a tentativas de extorsão. Isso quer dizer que nenhuma empresa está livre de ter seu cotidiano atravessado por ela, com direito a *flashes* e espaço na imprensa que muita assessoria, em semanas de trabalho, não consegue garimpar. Motivo para pessimismo? Ao contrário. Saber-se vulnerável é o primeiro passo para uma visão mais realista sobre a importância estratégica da gestão de riscos e do gerenciamento de crise. À medida que uma empresa incorpora o planejamento contingencial – fruto da análise pormenorizada de todos os seus processos –, ela reduz a incidência desses episódios e se prepara para lidar com eles de acordo com os princípios de uma gestão socialmente responsável.

> Saber-se vulnerável é o primeiro passo para uma visão mais realista sobre a importância estratégica da gestão de riscos e do gerenciamento de crise.

Exatamente porque pode tomar formas variadas, a crise exige que as empresas estejam cada vez mais atentas aos pontos de vulnerabilidade de seu negócio, revendo, de tempos em tempos, tudo que possa constituir brecha. Como os alicerces de uma construção, que só mostram seu estado de ruína quando as paredes já ameaçam desmoronar, também as situações de crise começam a se desenhar bem antes – embora se costume ignorá-las – nas pequenas negligências cotidianas, que minam silenciosamente a condição de resposta das empresas e ameaçam, em longo prazo, sua reputação. Lamentavelmente, ainda que muitos sinais de crise estejam nas entrelinhas do cotidiano, é bastante comum que as empresas só identifiquem o problema quando sua gravidade é inquestionável.

Assim, o rombo financeiro de hoje ou a venda clandestina de produtos que não passaram no teste de qualidade e vão parar nas mãos dos consumidores têm início nas pequenas fraudes internas, que os controles nem sempre captam. Da mesma forma, o vazamento de resíduos, que ameaça a comunidade do entorno e vira manchete nos principais jornais, pode advir de uma política que tenha ignorado a importância de uma logística reversa[1]. Se, por outro lado, estivermos falando de acidentes envolvendo mutilação ou morte de colaboradores internos, pode ser que, para além da própria eventualidade, haja negligências acumuladas em relação ao treinamento e às condições de trabalho de terceiros. Portanto, a crise não pode ser reduzida ao seu efeito de superfície, já que o problema se encontra, muitas vezes, mais distante do campo imediato de visão do gestor do que ele, à primeira vista, imagina.

De qualquer modo, se existem inúmeras situações que podem comprometer a credibilidade de uma empresa – acidentes com funcionários ou consumidores, fraudes e roubos internos, contaminação acidental ou dolosa de produtos, vazamento de dejetos tóxicos da produção, problemas com *recall* –, a razão primeira por trás dos contornos singulares da crise aponta com certa freqüência para duas possibilidades: negligência com pontos de fragilidade nos processos internos e incidência de erro por conta de critérios na tomada de decisão. Naturalmente, é inevitável perguntar: se o problema tem alicerces tão concretos na gestão, o que cabe à comunicação de crise fazer?

Aí está o primeiro ponto. Um erro comum é pensar que as assessorias de comunicação podem proteger a imagem das empresas, à revelia de uma condição de transparência que

---

1. A logística reversa considera "[...] o trajeto dos produtos, depois que eles chegam ao consumidor, mapeando todos os riscos envolvidos da hora que o cliente adquire a mercadoria ao momento em que o produto retorna como material reciclável (ou descartável) para a empresa", seja porque apresentou algum dano, seja porque chegou ao estágio final de seu ciclo de vida. Para mais informações, consultar: Luciane Lucas dos Santos, "Comunicação empresarial e gerenciamento de crise", in: Luciane Lucas dos Santos (org.), *Com credibilidade não se brinca! A identidade corporativa como diferencial nos negócios* (2004).

É preciso que se derrube o mito de que a comunicação de crise existe independente das macrodecisões dos gestores – decisões que fazem toda a diferença, tais como paralisar a produção se necessário, retirar produtos de prateleira, reduzir o impacto social de uma demissão em escala ou criar uma comissão de ética para acompanhar de perto denúncias de fraudes.

São as posturas de uma empresa diante da crise que efetivamente "comunicam" e servem de matéria-prima para que as assessorias trabalhem.

deve se iniciar bem antes. É preciso que se derrube o mito de que a comunicação de crise existe independente das macrodecisões dos gestores – decisões que fazem toda a diferença, tais como paralisar a produção se necessário, retirar produtos de prateleira, reduzir o impacto social de uma demissão em escala ou criar uma comissão de ética para acompanhar de perto denúncias de fraudes. A posição dos executivos diante da mídia é imprescindível – e certas falas podem simplesmente comprometer a percepção pública de uma organização –, mas o fato é que não haverá o que comunicar se, diante da crise, a empresa não adotar uma posição que fundamente as suas possíveis declarações. Muitos gestores ficam reticentes em descrever os fatos, com receio de que a opinião pública não consiga digeri-los, esquecendo que se ganha em reputação quando se evidencia uma postura socialmente responsável, seja ao corrigir um erro, reduzir o impacto socioambiental que ocasionou, advertir a comunidade para os riscos ou comunicar os novos ajustes nos processos. Se nada disso for feito, simplesmente não há o que dizer. São as posturas de uma empresa diante da crise que efetivamente "comunicam" e servem de matéria-prima para que as assessorias trabalhem.

Estas posturas, por sua vez, não se restringem ao público imediatamente atingido, estejamos falando de empregados, clientes, comunidade ou acionistas. É preciso compreender que as decisões das empresas não têm um efeito isolado e, portanto, provocam desdobramentos em outros públicos – razão para que a comunicação de crise não se restrinja apenas à comunicação dos fatos à mídia, mas leve em conta todos os demais públicos que precisam ser informados. Um dos maiores problemas na gestão de crises e catástrofes corporativas é que usualmente se ignora o efeito exponencial dos fatos na cadeia de relacionamentos com os públicos, tanto na disseminação do incidente entre os atores sociais quanto no agravamento do problema. Quando acontece o vazamento de resíduos industriais, por exemplo, a comunidade do entorno é o público mais atingido, mas não o único a ser esclarecido. É preciso, também, avisar autoridades ambientais e governamentais tão logo o episódio ocorra, e manter a mídia permanentemente informada a esse respeito.

De modo geral, pode-se dizer que a mídia em si já mereceria um capítulo à parte. Isso quer dizer que falar com a imprensa é bem mais do que informar que um acidente aconteceu. Saber a diferença entre uma e outra coisa constitui um ingrediente importante e comumente mal explorado na comunicação de crise: é preciso ter fatos para contar e trazê-los à tona, sejam novos procedimentos técnicos da empresa para reduzir riscos, sejam ações para minimizar os impactos do acidente. No caso específico do vazamento de resíduos, isso quer dizer que a empresa poderá reverter o ônus da publicidade do episódio se os líderes de opinião também tomarem conhecimento, por meio da mídia, das posturas da empresa quanto à analise de impacto sobre água e solo, a medidas de prevenção e compensação ambiental (como construção de barragem para conter a contaminação) e à assistência à comunidade do entorno e pescadores da região.

Trocando em miúdos: a questão da comunicação com a mídia vai bem além do fato de a empresa pronunciar-se ou não; implica, antes, agir imediatamente em relação aos diversos públicos impactados e demonstrar esta preocupação à opinião pública. Como veremos mais adiante, na **Matriz de crise** (p. 75), sobreviver à contingência depende de conciliar a logística de solução de um problema com a capacidade de garantir a percepção pública desse processo. Isso porque, à revelia da natureza da crise, a mensagem é clara: dependendo das proporções do episódio e da posição da empresa nas primeiras horas, a notícia logo ganha destaque na imprensa e causa comoção na opinião pública. A esta altura, o conflito em rede nacional com autoridades diversas (ambientais e governamentais, principalmente) se torna inevitável.

Há outros equívocos comuns quando se fala de crise. Entre eles, o de que os maiores danos à imagem se relacionem ao setor produtivo. Não é verdade. Se muitos casos de grande repercussão na mídia apontam para escândalos em situações de produção, transporte ou descarte de produtos,

> Há outros equívocos comuns quando se fala de crise. Entre eles, o de que os maiores danos à imagem se relacionem ao setor produtivo. Não é verdade. O segmento de serviços é igualmente vulnerável a uma porção de riscos, e nem sempre investe o suficiente em planos de contingência.

> **Se a indústria pode ser vítima de uma chantagem abrangendo contaminação de produtos, também o setor financeiro, para dar um exemplo, corre seus próprios riscos, se considerarmos o valor do patrimônio sob sua responsabilidade.**

o segmento de serviços é igualmente vulnerável a uma porção de riscos, e nem sempre investe o suficiente em planos de contingência – com rotinas prévias para lidar com cenários negativos, quando eles se desenharem. Em vários segmentos, a dúvida do consumidor pode ser simplesmente fatal: redes hoteleiras, companhias aéreas, hospitais, cadeias de alimentação e bancos fragilizam-se em excesso sem um plano de contingência à mão. Assim, se a indústria pode ser vítima de uma chantagem abrangendo contaminação de produtos, também o setor financeiro, para dar um exemplo, corre seus próprios riscos, se considerarmos o valor do patrimônio sob sua responsabilidade – e, neste caso, tentativas de extorsão envolvendo divulgação de senhas e contas de clientes não são tão improváveis quanto se pensa, especialmente se levarmos em conta o crescimento de fraudes a bancos na internet[2].

Se os incidentes envolverem saúde, a percepção de risco é ainda mais imediata, sendo assimilada pelo consumidor como um problema próximo demais para ser ignorado. E, considerando que as pessoas são muito sensíveis às denúncias propagadas pela mídia, é provável que o cidadão comum coloque "na geladeira" mais rapidamente uma companhia aérea cujo nome aparece nos jornais por conta de um acidente do que uma indústria que esteve envolvida em

---

2. Os crimes cibernéticos têm aumentado no mundo todo. Dentre eles, as fraudes bancárias e financeiras parecem figurar como as que mais crescem. Segundo dados do Asian Development Bank, os crimes cibernéticos geraram, em 2004, perdas da ordem de US$ 1,4 trilhão para internautas do mundo todo. De acordo com estas estimativas, as fraudes bancárias e financeiras avançaram cerca de 578% neste mesmo ano. Um estudo conduzido pelo Grupo de Resposta a Incidentes de Segurança para a internet brasileira (NBSO) amplia a percepção destes números. Segundo dados do NBSO, que trabalha apenas com dados voluntários, o número de fraudes cresceu "mais 178%, em comparação com o mesmo período de 2004, totalizando 2.213 ocorrências – a metade do total registrado em todo o ano de 2004". Acrescente-se que, no *ranking* mundial, o Brasil ocuparia a segunda posição, com 26,14% do total dos relatos, sendo precedido apenas pelos Estados Unidos, com 27,62%. Mais informações, consultar: www.agence.com.br/news.php?news=194.

um caso de corrupção e que ele só conhece de nome. Isso não quer dizer que fraudes ou outros escândalos envolvendo corrupção causem menos danos às empresas. Pelos números envolvidos, o prejuízo é bastante grande e pode se tornar uma ameaça constante se a empresa não criar mecanismos permanentes de apuração interna. Não se trata, aqui, de comparar crises, mas de enfatizar que elas não são prerrogativa do setor produtivo – o setor de serviços apresenta, igualmente, pontos de vulnerabilidade que, uma vez ignorados, podem custar caro à gestão da marca.

De modo geral, os ventos da governança mundial têm determinado a necessidade de critérios cada vez mais sustentáveis de produção, consumo e comunicação – e isso afeta não só a vida das empresas, como também os parâmetros de atuação dos governos e suas pastas. Cabe uma observação, portanto, relativa às crises públicas que, de tão complexas, chegam a parecer insolúveis. As crises que eclodem no cenário governamental são bons exemplos de que, se o gestor público não estiver, a todo momento, revendo, sob a ótica do planejamento, os critérios que amparam o desenho de suas políticas e estratégias, tenderá a estar sob fogo cruzado permanentemente. E, a julgar pelo valor que a imprensa confere à fonte pública, o governo terá sérios problemas para gerenciar suas crises se não tiver fatos a oferecer à sociedade, como resposta aos impactos que suas ações (e decisões) ocasionaram. Uma análise mais apurada de casos relativamente bem-sucedidos de gestão de crises crônicas mostra que, na diluição do conflito, está a capacidade de mobilizar as chamadas partes interessadas, ainda quando divirjam de interesses.

Um caso que vale a pena ser lembrado aqui é o da venda ilegal do mogno na Amazônia. O problema só começou a apresentar contornos menos inflamáveis à medida que o governo substituiu a moratória do mogno – que até então funcionava como estimulante para o uso predatório – pela possibilidade de exploração sustentável a partir de planos de manejo florestal. A esta altura, você deve estar se perguntando: e onde entra a comunicação aqui? Os novos critérios para a exploração madeireira na Amazônia, impedindo o corte em áreas de desmatamento que antes serviam de subterfúgio para dar saída à madeira ilegal, resultaram de intensa comunicação com os setores envolvidos em um cenário de crise crônica e permanente. A lição aprendida neste caso é: a comunicação de emergência que visa explicar o que não tem justificativa só torna mais pulsante uma crise em estado crônico. Prato cheio para mídia, que passa a contar com pedaços de informação que só alimentam uma visão mais negativa do governo. O que o exemplo do mogno nos mostra, com as novas medidas de exploração sustentável, é que não há crise pública que se resolva se as partes interessadas não forem chamadas para legitimar uma solução coletiva. A comunicação terá papel fundamental na construção de relações mais estáveis com estas partes; mas não será capaz de, sozinha, segurar por muito tempo o potencial inflamável que uma situação de crise tem diante da mídia.

> **Não há crise pública que se resolva se as partes interessadas não forem chamadas para legitimar uma solução coletiva.**

> **A comunicação de crise é apenas a ponta do *iceberg*. Se a empresa ou o órgão não se dispuser a rever os flancos de seus processos ou se o gerenciamento de crise se restringir aos cuidados com o esclarecimento da mídia, a condição de vulnerabilidade só vai se acentuar com o tempo.**

Como gestor, é fundamental que você se lembre de que a comunicação de crise é apenas a ponta do *iceberg*. Se a empresa ou o órgão não se dispuser a rever os flancos de seus processos ou se o gerenciamento de crise se restringir aos cuidados com o esclarecimento da mídia, a condição de vulnerabilidade só vai se acentuar com o tempo, já que a mesma imprensa haverá de cobrar posturas que evidenciem uma mudança de quadro. Aliás, um adendo: o trabalho com os veículos de comunicação deve começar bem antes, na construção de um relacionamento permanente em que se estimule o conhecimento prévio das políticas corporativas. Só assim a empresa garante a disponibilidade genuína da mídia em ouvir sua versão dos fatos.

Cabe frisar que a comunicação de crise deve estender-se a todas as partes interessadas; ou seja, aos múltiplos atores sociais que afetam a condição de uma empresa e, na contramão, são afetados pelas decisões que ela toma. Isso significa que, na condição de gestor, você não pode ignorar os impactos de um público sobre outro, tanto pelo desdobramento do que decidirá em relação a cada um, quanto pelo potencial de disseminação do fato. Imaginemos uma demissão em larga escala ou o fechamento de uma unidade de negócios. O modo como o assunto é conduzido internamente, buscando-se alternativas para reduzir as demissões ou para minimizar os impactos sociais ocasionados, faz toda a diferença e tem influência garantida no modo como a empresa e sua marca serão percebidas – tanto pela mídia quanto pela opinião pública e pelos acionistas. Assim, é preciso que, em situações de crise corporativa, ações e ferramentas de comunicação sejam dirigidas a cada um dos stakeholders, já que todos, por questões específicas, precisam ser informados.

Pode-se dizer, de modo geral, que a comunicação de crise envolve as seguintes etapas:

- Avisar autoridades ambientais e governamentais sobre o episódio, comunicando estudos de impacto e as decisões para corrigir o problema. A melhor forma de reduzir o ônus de uma crise nos tribunais é evidenciar a intenção de ser transparente, consertar os danos e reduzir os impactos.
- Advertir a comunidade do entorno sempre que houver riscos e, importantíssimo, comunicar a todos os esforços para minimizar os impactos socioambientais causados.
- Comunicar o fato à opinião pública, sem esquecer de esclarecer o que está sendo feito para solucionar o problema e as mudanças de rumo que a situação de crise suscitou. Se uma empresa muda os critérios de contratação e acompanhamento de fornecedores depois de um escândalo envolvendo trabalho escravo na sua cadeia de negócios, por exemplo, é fundamental que esta informação venha a público e que os novos parâmetros sejam compartilhados com a sociedade civil, as associações que a representam e a mídia.
- Informar o episódio à mídia, o que pode reverter positivamente a percepção pública sobre a empresa. O diferencial de um trabalho de comunicação com a imprensa, nestes casos, está na preocupação da assessoria em transmitir os passos da empresa para consertar o problema, mini-

mizar os efeitos causados e, principalmente, readequar os processos.

> **O momento da condução de uma crise é o menos indicado para planejar ações emergenciais. Na hora que uma crise eclode, há tantas variáveis em jogo que dificilmente os gestores envolvidos conseguirão monitorar todos os aspectos do problema.**

No entanto, cabe ressaltar que o momento da condução de uma crise é o menos indicado para planejar ações emergenciais. Na hora que uma crise eclode, há tantas variáveis em jogo – distorções possíveis no relato dos fatos, riscos socioambientais de dimensões não previsíveis, prejuízos financeiros – que dificilmente os gestores envolvidos conseguirão monitorar todos os aspectos do problema. Por este motivo, convém ter sempre à vista o planejamento contingencial, com orientações claras para as assessorias ou departamentos de comunicação da empresa. Aliás, não só para a área de comunicação, mas para todo o público interno, já que um plano de contingência é um documento que fornece orientações mais amplas sobre minimização de riscos e impactos, bem como cuidados imprescindíveis em relação a populações ou grupos atingidos. Para que estas orientações não se restrinjam a um conjunto burocrático de procedimentos, de que ninguém vai se lembrar direito na hora da crise, o planejamento contingencial deve ser desenvolvido com o conhecimento e o respaldo da equipe interna.

Há várias razões para que as empresas invistam seriamente no plano de contingência. Tudo pode ser perdoado, até mesmo o erro, mas não a negligência e o descaso com os desdobramentos dos atos corporativos. Ainda que a crise seja inevitável, é possível reverter seus efeitos e otimizar a percepção da opinião pública. A mídia continua sendo um filtro poderoso, que tanto pode suscitar o descrédito quanto fortalecer a reputação de uma organização, ao evidenciar sua preocupação em reverter o ônus que tenha causado. Contudo, há muitas outras providências a tomar, em se tratando de comunicação de crise. Convém, realmente, não desconsiderá-las.

A fim de resumir os pontos principais vistos até aqui, relaciono no quadro abaixo os sete erros mais comuns:

Principais equívocos na condução de crises

1. Desconsiderar o respaldo das autoridades e não ser o primeiro a adverti-las.

2. Tentar controlar o *timing* da informação, ignorando seu potencial de notícia.

3. Passar uma imagem defensiva nas declarações públicas e nos chamados *position papers* ou ainda perder a linha diante das câmeras.

4. Não trabalhar devidamente o público interno para situações de crise, desconsiderando seu papel fundamental para um bom planejamento de contingências, para o *timing* de resposta à mídia e para a fala coordenada dos principais gestores.

5. Perder a chance de divulgar proativamente as medidas corretivas e as ações para redução do impacto social causado – ou, pior ainda, não tê-las. Todo caso deve ter, na mídia, início, meio e fim.

6. Prescindir de operações de emergência que reduzam o efeito exponencial dos rumores entre clientes e opinião pública (familiares, clientes e imprensa).

7. Renunciar a uma política de circunscrição do risco, de modo a não apostar todas as fichas na condução bem sucedida da crise.

Sobrevivendo ao olho do furacão: como lidar com as crises na mídia?

A crise mal administrada tem parentesco com a Lei de Murphy: se alguém ignora que está diante dela, é quase certo que a notícia virá à tona no pior momento, quando todas as perguntas possíveis já estiverem sobre a mesa. É ingenuidade acreditar que uma informação importante, sabida apenas por alguns, não vazará. Quando a imprensa detecta potencial de notícia em determinado episódio, ainda que só exista boato em torno dele, ela certamente encontrará uma forma de chegar às suas fontes – mesmo que essas fontes tenham apenas fragmentos de informação. Ou seja, não se pronunciar pode ser o caminho mais rápido para a distorção (ou ampliação) dos fatos. Cada vez que uma informação é retida, maiores são as chances de que uma versão paralela seja publicada ou de que uma verdade terrível caia como meteoro sobre a cabeça dos executivos.

Assim, uma empresa não pode abster-se de falar com a imprensa. Simplesmente não pode, ainda que considere inoportuno misturar preocupações de ordem prática – como contenção de riscos, por exemplo – com ações de comunicação com a mídia.

É comum, no entanto, que muitos executivos tenham receio de falar com a imprensa, especialmente em situações de crise, quando as informações são muitas vezes imprecisas. Se esse for o seu caso, o media training pode ser um bom começo. Digo "começo" porque a convivência com a mídia não pode ser reduzida a um conjunto de orientações. Ainda assim, o media training pode ser bastante útil para algumas questões de ordem prática, tais como cuidados para evitar distorções em declarações públicas e entrevistas. Esses treinamentos, quando minuciosos, ajudam os gestores a entender, também, quando e por que devem ser proativos na divulgação de fatos, ao mesmo tempo que fornecem uma visão mais clara sobre o que esperar das assessorias de imprensa e dos veículos de comunicação.

De modo geral, as crises têm pontos de tropeço comuns, ainda que estejamos falando de coisas tão diferentes como uma greve bancária de grandes proporções e um acidente com vítimas numa planta industrial. Quase sempre o problema principal, quando o assunto é comunicação de crise, é a tentativa de segurar a informação o maior tempo possível, como se esse controle estivesse realmente nas mãos da empresa. O que os gestores usualmente ignoram é que uma postura *low profile* não evita a divulgação de versões desfavoráveis. Ao contrário, ela só as potencializa – se existem riscos,

> Uma empresa não pode abster-se de falar com a imprensa, ainda que considere inoportuno misturar preocupações de ordem prática – como contenção de riscos, por exemplo – com ações de comunicação com a mídia.

> Uma postura *low profile* não evita a divulgação de versões desfavoráveis. Ao contrário, ela só as potencializa – se existem riscos, eles aumentam exponencialmente em função do silêncio corporativo.

eles aumentam exponencialmente em função do silêncio corporativo.

Portanto, a primeira coisa a saber é que você não pode impedir a publicação de um fato, se ele tiver potencial de notícia, por mais discreto que você tente ser – e, caso tente impedir a veiculação por meio do jurídico, os danos podem ser ainda maiores. Da mesma forma, sua assessoria (sim, porque sempre se acha que a assessoria consegue tudo!) não pode evitar a cobertura ou a freqüência com que a notícia é abordada. Esperar que a área de comunicação garanta uma abordagem menos incisiva dos fatos é um equívoco, já que a cobertura jornalística segue seu próprio ritmo e os repórteres têm sempre suas fontes – diga-se de passagem, nem sempre favoráveis à empresa. A comunicação de crise, então, só pode ser bem conduzida se por trás dela, e respaldando as informações compartilhadas, houver procedimentos efetivos de correção de rumo e redução de impactos e riscos.

Outro ponto a considerar é que nenhum assessor de imprensa pode garantir que não haja cortes ou edição em sua entrevista – especialmente em declarações à televisão, onde não há espaço para profundidade e o que é relevante precisa ser dito da forma mais clara e objetiva possível. Esse assessor tampouco pode garantir que não haja discrepância entre o dito e o publicado – existem inúmeras etapas intermediárias que podem interferir na edição final de um conteúdo. Exatamente por isso você deve, sempre que possível, munir entrevistadores e repórteres com material escrito que fundamente as principais declarações. Acrescente-se que, em situações de crise, o melhor a fazer é evitar as entrevistas telefônicas, que sempre aumentam a possibilidade de ruído na comunicação. Mas, sempre que elas forem indispensáveis, uma boa forma de reduzir os riscos de distorção está no envio de algum material por escrito logo depois da entrevista telefônica, disponibilizando dados e fortalecendo os pontos principais da conversa.

> Nenhum assessor de imprensa pode garantir que não haja cortes ou edição em sua entrevista, tampouco pode garantir que não haja discrepância entre o dito e o publicado – existem inúmeras etapas intermediárias que podem interferir na edição final de um conteúdo.

Sempre que possível, e especialmente quando o gestor não se sente à vontade com a imprensa, a opção deve ser por entrevistas individuais. Certamente as coletivas são mais práticas e se pode ganhar tempo falando de uma só vez com um número significativo de veículos – evitando, inclusive, distorções já que todos estão ouvindo a mesma mensagem. Contudo, na prática, não é bem assim que acontece. Ou seja, além da tensão própria das situações em que o presidente ou porta-voz está sob fogo cruzado, há sempre a possibilidade de que as informações mais importantes para a empresa – as medidas para contornar o problema, por exemplo – não fiquem suficientemente claras em meio ao bombardeio'de perguntas. Se as entrevistas individuais podem ser mais cansativas, por um lado, elas podem, por outro, garantir a explicação mais detalhada de certos dados. Como nem sempre é possível escolher, é preciso dar atenção redobrada a alguns preceitos básicos na condução de coletivas, como não ignorar a pontualidade de quem já chegou, garantir atendimento posterior aos retardatários e veículos ausentes e jamais deixar de dar atenção aos veículos menores.

Individuais ou coletivas, as entrevistas sempre demandam uma preparação prévia, especialmente se a situação for de crise. Nem sempre todos os dados necessários estarão ao seu alcance no momento da entrevista, mas é importante não transformar este fato em motivo para não conversar com os jornalistas. O receio pode ser interpretado, facilmente, como má vontade. Não há problema em dizer que ainda não possui estatísticas, números ou dados precisos, desde que fique clara a intenção de compartilhá-los tão logo os tenha (e que o faça, evidentemente). Se a empresa é proativa e no lugar do costumeiro "Nada a declarar" demonstra preocupação em adiantar as informações possíveis, a imprensa costuma ser menos ostensiva em suas investidas.

> **Nem sempre todos os dados necessários estarão ao seu alcance no momento da entrevista, mas é importante não transformar este fato em motivo para não conversar com os jornalistas.**

Uma boa preparação reduz os riscos de exposição

Preparar-se para as entrevistas nas situações de crise pressupõe saber, de antemão, um pouco mais do que os nomes do veículo e do repórter. Uma assessoria bem trabalhada tem essas informações à disposição bem antes, já que costuma manter atualizada sua base de dados com nomes, contatos e informações dos principais veículos e jornalistas. Se você conta com uma boa assessoria, ela pode fornecer dados que orientem na condução das respostas. Conhecer o seu interlocutor é um cuidado importante que pode ajudar na entrevista, mas há outros que devem ser considerados:

• Toda vez que for dar uma entrevista, paute antes o que precisa ser dito. No caso de situações de crise, algumas informações são imprescindíveis: ações implementadas assim que o episódio ocorreu, decisões que estão sendo tomadas para corrigir o problema, ações para reduzir impactos na comunidade, bem como perspectivas e ações futuras. Prepare-se, também, para responder às questões polêmicas, munindo-se, de antemão, de números da empresa, estatísticas do setor, dados que demonstrem os investimentos corporativos – como tecnologia, certificações e procedimentos de segurança.

• Durante estas entrevistas, procure, sempre que possível, oferecer material impresso com os principais dados, de modo que o jornalista os tenha à mão na hora de redigir a matéria. Isso ajuda a não deixar por conta da memória uma ou outra informação relevante que possa ser esquecida. Aliás, mantenha ao seu alcance dados que possam auxiliá-lo na condução da entrevista, tendo sempre por perto uma ou duas pessoas de sua assessoria a quem possa pedir ajuda se necessário. Procure passar o recado principal – que diz respeito às soluções em curso e à correção de rumos – logo nos primeiros momentos da entrevista e, se possível, já por conta da primeira pergunta. Repita essa informação algumas vezes ao longo de suas respostas, a fim de garantir que o primordial seja retido.

Procure passar o recado principal – que diz respeito às soluções em curso e à correção de rumos – logo nos primeiros momentos da entrevista e, se possível, já por conta da primeira pergunta.

• Se estiver em uma coletiva, não abuse do tempo em sua apresentação pessoal. Reserve não mais do que cinco minutos para esta primeira fala e, dentro do possível, procure aproveitar este tempo para dizer como a coletiva vai funcionar. Considerando que os jornalistas já estarão esperando

A força da imagem no vídeo aumenta o cuidado que o entrevistado deve ter nas colocações que faz. Deve-se resistir à tentação de comentar declarações de terceiros.

com perguntas na ponta da língua, você corre o risco de desperdiçar informações importantes ao estender sua fala aqui.

• Cuidado com falas defensivas e se segure em caso de perguntas provocativas – especialmente se for uma entrevista para televisão, onde sua imagem dirá mais do que mil impropérios. A força da imagem no vídeo aumenta o cuidado que o entrevistado deve ter nas colocações que faz. Mais do que nas entrevistas para jornal ou revista, deve-se resistir à tentação de comentar declarações de terceiros. O *timing* nervoso do vídeo pede que as declarações não sejam extensas e por demais polêmicas, já que não haverá tempo hábil de explicá-las. Sendo possível, gaste os primeiros trinta segundos para dizer o que realmente importa: o que está sendo feito para corrigir o erro e reduzir o impacto social.

Neste e em outros pontos, a assessoria tem sempre um papel fundamental. Contudo, uma de suas maiores contribuições indiretas é que o modo de coordenação dos trabalhos oferece indícios importantes do *timing* de comunicação. Ou seja, se a empresa consegue ter nas mãos a informação de que precisa para reduzir, em tempo hábil, os impactos de determinado problema. A condução da comunicação corporativa e o caráter estratégico que ela possui (ou não) dentro de uma organização oferecem parâmetros para saber se o *timing* de comunicação responde adequadamente aos riscos intrínsecos do negócio. Pode-se descobrir, por exemplo, que a empresa amplia sua condição de vulnerabilidade já a partir do uso que faz (ou não faz) das informações sobre suas operações. E *timing* na comunicação de crise é fundamental, podendo ser a diferença entre sinalizar publicamente que a situação está sob controle e ser bombardeado com uma saraivada de perguntas sem resposta.

Uma breve auto-análise já permite identificar, de antemão, alguns flancos: por exemplo, quanto tempo costuma decorrer entre a identificação de um risco e a primeira conversa com a assessoria de comunicação? A assessoria costuma ser chamada apenas quando há uma demanda específica ou participa de forma estratégica da elaboração de planos de comunicação para contingências? Quando a primeira conversa com a assessoria acontece, todas as informações necessárias já costumam estar disponíveis? Se não, de que áreas a empresa depende direta ou indiretamente para ter essas informações cuja ausência a fragiliza diante da mídia? Respondendo a estas e outras perguntas (ver quadro a seguir), você pode não só melhorar o trânsito das informações como reduzir o tempo de resposta às situações de crise.

MAPA DE VULNERABILIDADES

Como saber se a empresa está frágil na condução da crise...	Como saber se a empresa está frágil na relação com a imprensa...
1. Seu plano contém recomendações para os diversos stakeholders?	1. Como é o *timing* de comunicação entre a identificação do risco e a primeira conversa com a assessoria de comunicação?
2. Nas últimas crises, quanto tempo se levou para dar início às operações de emergência?	2. Qual o critério usado para avaliar se a postura será *low profile* ou proativa diante de uma situação com potencial de notícia? Quem participa da decisão de comunicar o fato à mídia? A assessoria de imprensa integra o grupo?
3. Quanto tempo se gastou para responder à mídia?	
4. Quanto tempo se levou para responder aos impactos causados na comunidade?	
5. Quanto tempo se levou para advertir a opinião pública e os consumidores?	3. Qual é o grau de coerência no discurso dentro e fora da empresa? Há incidência ou possibilidade de falas dissonantes? A assessoria é atravessada, de tempos em tempos, por fatos que desconhece?
6. Quanto tempo foi necessário para decidir ações estratégicas, tais como paralisar a produção?	
7. A empresa adota logística reversa, mapeando previamente seus riscos?	

As perguntas não param por aí: há, por exemplo, equipes previamente preparadas para auxiliar em etapas da comunicação de crise, ou sua empresa conta apenas com a assessoria? Dependendo da natureza e do alcance da crise, a empresa pode deparar com variados públicos e necessidades de comunicação. Em geral, operações de comunicação de crise envolvem, sob a coordenação de um gestor da assessoria, várias equipes ou comitês. Dentre eles, destacaríamos: 1. levantamento de informações e apoio à mídia; 2. comitê de orientação aos clientes e familiares; 3. comitê de orientação ao público interno e à comunidade; 4. célula de emergência e atendimento logístico na base (cuidando, por exemplo, de atividades como deslocamento e acomodação de familiares em situações de acidente); e 5. equipe de emergência e atendimento logístico no local (espécie de equipe multitarefa que se desloca até o local do problema e faz uma espécie de meio-de-campo).

As situações de crise podem ser as mais variadas – contaminação de produtos, panes aéreas, ocupação de propriedades e terras, escândalos financeiros –, mas elas sempre envolvem orientação e diálogo com outros grupos, tais como clientes, governo, ONGs e comunidades. Você pode perguntar, então: e o que a mídia tem que ver com isto? A resposta está no fato de que esses procedimentos em relação aos demais públicos estarão sob a mira permanente da imprensa, que analisará todos os flancos no atendimento a estes grupos.

Além das perguntas do quadro anterior, uma **matriz de crise** também pode ser útil na identificação do perfil de vulnerabilidade das empresas. Sua função é correlacionar os dois pontos fundamentais na comunicação de crise – a logística da solução e a percepção pública. Esses dois fatores são complementares na comunicação de crise, já que comunicar sem ter como base uma correção rápida de rumo pode ser tão crítico quanto desenvolver uma logística de solução sem torná-la conhecida pela opinião pública. As combinações possíveis entre esses dois fatores geram quatro tipos de cenário (e de problema). Uma vez identificado em que lugar a empresa está, fica mais fácil melhorar o desempenho em situação de crise:

> Comunicar sem ter como base uma correção rápida de rumo pode ser tão crítico quanto desenvolver uma logística de solução sem torná-la conhecida pela opinião pública.

MATRIZ DE CRISE[3]

Percepção pública	III – pé de pavão	IV – estrela
	I – abacaxi	II – obra de fundação

Logística – capacidade de resposta rápida à questão

I – logística baixa + comunicação ruim **(abacaxi)**, significando que a empresa precisa melhorar não só seu tempo de reação como também de resposta à mídia;

II – boa logística + comunicação ruim **(obra de fundação)**, em que a empresa se esforça por consertar seus alicerces, reduzindo riscos e impactos, mas ninguém fica sabendo das suas ações para resolver o problema;

III – logística ruim + comunicação boa **(pés de pavão)**, caso típico de muitas empresas preocupadas em parecer responsáveis, mas pouco comprometidas com as mudanças necessárias;

IV – logística boa + comunicação boa **(estrela)**, representando o estado da arte na comunicação de crise. Neste último caso, a empresa não só busca ajustar seus processos e minimizar riscos e impactos, como ainda tem a preocupação de comunicar estas etapas à mídia.

---

3. Esta matriz foi inspirada na matriz de Boston Consulting Group (BCG), utilizada para identificar produtos de um portfólio segundo seu momento no ciclo de vida. Assim, existiriam produtos do tipo abacaxi (baixa participação de mercado e baixo crescimento, suscetíveis de ser descartados do portfólio), os do tipo vaca leiteira (com baixo crescimento mas alta participação, capazes de dar suporte ao negócio por um bom tempo), os do tipo estrela (com alta participação e ainda alto teor de crescimento) e, por fim, os meninos-prodígio (com baixa participação mas alto teor de crescimento, com a promessa de serem os futuros carros-chefes da companhia). Assim, procuramos correlacionar estas categorias propostas pelo Boston Consulting Group (que cruzam participação e crescimento) com variáveis importantes para uma boa gestão de crise. Chegamos à conclusão de que as variáveis deveriam ser logística de mudança e percepção pública. Daí surgiram as novas categorias: os abacaxis, as obras de fundação, os pés de pavão e as estrelas.

AS PRIMEIRAS 48 HORAS A GENTE NUNCA ESQUECE: A COMUNICAÇÃO DE CRISE POR TRÁS DOS BASTIDORES

Sempre que você ouvir falar em comunicação de crise – dentro de um processo mais amplo que é o de gestão da crise[4] –, considere que estamos nos referindo a um conjunto de procedimentos e decisões que vão além da relação com a mídia. Ou seja, comunicação de crise pressupõe disponibilizar informações e orientações não só para a imprensa, mas para todos os grupos impactados por uma contingência: empregados, comunidade, consumidores, governo e sociedade civil.

Como esses atores demandam linguagens diferentes num intervalo muito curto de tempo, todo planejamento prévio possível será bastante útil para uma condução adequada da crise.

De modo geral, o trabalho da comunicação de crise é relativamente simples; o que o torna complexo é a necessidade de orquestração entre as equipes que dele participam. Só quando o quadro se complica é que fica evidente por que equipes internas e específicas precisam ser previamente treinadas para cobrir determinadas funções necessárias em situações de crise.

Você certamente deve estar se perguntando: no que consiste, então, o trabalho de comunicação de crise? De que forma a relação com a mídia se articula com o trabalho de comunicação com os demais grupos impactados por uma contingência? A questão é simples. Uma vez identificado o

---

4. O gerenciamento de crise costuma ser confundido com um de seus subprodutos – a comunicação de crise. Contudo, quando falamos em gerenciamento de crise, estamos nos referindo não só ao trabalho de comunicação com os atores sociais impactados, mas também à identificação de vulnerabilidades, ao planejamento para lidar com a contingência e à adequação de processos, visando à redução dos riscos. Quando dizemos que a boa comunicação de crise é resultado do produto logística × percepção pública, é justamente porque não é possível trabalhar a relação com a mídia e a opinião pública, se não há mudança a comunicar. Para mais informações sobre gerenciamento de crise, consultar: Luciane Lucas dos Santos (org.), *Com credibilidade não se brinca!*

risco, convoca-se imediatamente a assessoria, tendo o cuidado de equalizar todo o planejamento de comunicação com as ações concretas das empresas para reparar os danos causados. Se já existem procedimentos de comunicação previamente descritos em um planejamento contingencial, tanto melhor. Bastará acionar o plano, fazendo as adequações necessárias em função da natureza do problema. Se, por sua vez, não houver plano de contingência, então se deve elaborar uma operação de emergência que contenha orientações do tipo quem-faz-o-quê e as formas de divulgação que devem ser implementadas para informar as ações de reparação.

> Se não houver plano de contingência, então se deve elaborar uma operação de emergência que contenha orientações do tipo quem-faz-o-quê e as formas de divulgação que devem ser implementadas para informar as ações de reparação.

Certamente, quando há planejamento contingencial, tudo fica mais fácil, especialmente porque as equipes que vão trabalhar na comunicação de emergência já terão sido treinadas. Se você pretende criar uma rotina para a comunicação de crise, três frentes de atuação são imprescindíveis. A primeira tem relação com o público interno. Tão logo a crise se instale, convoque os comitês previamente treinados (comunicação com familiares de vítimas, com mídia internacional etc.). A segunda frente de atuação se refere ao público externo – órgãos do governo, autoridades ambientais, ONGs –, e, neste caso, uma das equipes treinadas vai elaborar comunicados permanentes para esclarecer os procedimentos, técnicos ou não, que estão sendo seguidos. Paralelamente, outra equipe de atuação interage com a mídia propriamente dita.

Deste grupo que vai dar suporte à mídia partem freqüentemente comunicados e notas, mas também o convite para coletiva nas 24 horas seguintes ao episódio, além de entrevistas individuais complementares com veículos especializados. Este grupo é também aquele que faz permanente levantamento de dados para assessorar o CEO ou porta-voz na coletiva, munindo-o com estatísticas, indicadores da empresa, resultados já alcançados e desempenho em critérios de sustentabilidade (caso estes dados existam, claro). Também é este grupo que vai trazer dados – levantados previamente com o apoio do **comitê de informação** – para assegurar ao CEO informações menos desencontradas na hora da coletiva. Como se pode ver, há toda uma orquestração para garantir que, uma vez iniciado o processo de resposta à crise, todos saibam exatamente o quê e como fazer.

Após a coletiva, o próximo passo é o acompanhamento permanente do que saiu na mídia – fruto ou não da coletiva. É preciso que a cobertura seja acompanhada de perto, funcionando como uma espécie de termômetro da aceitação pública. Esse trabalho de informação à mídia não pára, especialmente porque é por meio dele que a opinião pública vai saber da disposição efetiva da empresa em reduzir impactos e riscos. Há uma razão para isso: se a empresa se preocupa em informar suas decisões durante a crise e também depois dela, comunicando os resultados de suas ações corretivas e os novos parâmetros adotados, a opinião pública contará com dados suficientes para uma análise mais precisa dos fatos. O trabalho então recomeça com a retroalimentação de todo o processo de comunicação com a mídia e os demais públicos, informando passo a passo cada etapa concluída.

> **Para otimizar toda esta logística de operações, é importante que a empresa tenha em mente a necessidade de melhorar seu *timing* de comunicação, o que implica, muitas vezes, mexer em estruturas de poder dentro da organização.**

Para otimizar toda esta logística de operações – convocação das equipes internas, assistência às comunidades atingidas e informação permanente à mídia –, é importante que a empresa tenha em mente a necessidade de melhorar seu *timing* de comunicação, o que implica, muitas vezes, mexer em estruturas de poder dentro da organização. Quando, no entanto, a companhia leva essa idéia adiante, os ganhos são notáveis, já que o *timing* de comunicação é entendido como algo estratégico que pode trazer para a mesa dos decisores as informações mais relevantes para uma rápida correção de rumos e redução significativa dos riscos.

Partindo da matriz de crise e do mapa de vulnerabilidade, esperamos contribuir para uma percepção mais apurada dos pontos frágeis na condução de uma crise – interna ou externa. Entretanto, o mais importante continua sendo a premissa de que um bom trabalho de gestão de crise começa, efetivamente, no compromisso dos gestores com a redução de riscos nas suas operações e com a minimização de impactos acidentais de suas atividades.

Referências Bibliográficas

CRUZ, Luiza. "Pensamentos prático-teóricos sobre um tema pragmático: a assessoria de imprensa e seu dia a dia". In: FREITAS, Ricardo Ferreira; SANTOS, Luciane Lucas dos. *Desafios contemporâneos em comunicação*. São Paulo: Summus, 2002.

DIAS, Vera. *Como virar notícia e não se arrepender no dia seguinte*. Rio de Janeiro: Objetiva, 1994.

NOGUEIRA, Nemércio. Media training: *melhorando as relações da empresa com os jornalistas*. São Paulo: Cultura, 1999.

SANTOS, Luciane Lucas dos (org.). *Com credibilidade não se brinca! A identidade corporativa como diferencial nos negócios*. São Paulo: Summus, 2004.

◆ · ◆ · ◆

A autora

Luciane Lucas é analista de mercado e diretora da EcoLógica Comunicação, Assessoria e Consultoria em Negócios Sustentáveis. É doutora em Comunicação e Cultura pela ECO/UFRJ, atuando como professora pesquisadora do mestrado em Comunicação e Práticas de Consumo da ESPM/SP e como professora-adjunta da Faculdade de Comunicação Social da Uerj. Integra o corpo de instrutores do Uniethos (braço educacional do Instituto Ethos) e coordena o curso Gestão Estratégica para a Sustentabilidade, por ele promovido e destinado a altos gestores. Desenvolveu recentemente os Indicadores de Gestão Responsável de Crise (IGRC) como ferramenta de autodiagnóstico para o setor produtivo, publicados no livro *Com credibilidade não se brinca: a identidade corporativa como diferencial nos negócios*, lançado pela Summus em 2004. Dedica-se, hoje, à pesquisa aplicada e à orientação de gestores públicos e privados na condução e comunicação de riscos socioambientais e na formulação de políticas amparadas nos critérios de sustentabilidade.
E-mail: luciane_lucas@terra.com.br

A assessoria de imprensa e o gestor público: atenção à orquestra midiática

....

RICARDO FREITAS

Se você é gestor público, tem em suas mãos uma matéria-prima muito desejada pela imprensa: a coisa pública. O que fazer com essa riqueza de conteúdo, se não souber como transmiti-la à sociedade? Saber usar sua assessoria de imprensa é uma das saídas. Neste artigo, listamos alguns procedimentos que o gestor público pode adotar para colocar seu bloco na rua. Sem proposta de milagres, indicamos produtos e posturas que facilitarão sua vida no dia-a-dia com a imprensa. Pretendemos mostrar que o gestor que investe no entrosamento entre os públicos de seu órgão, valorizando a área de comunicação social, alcança com muito mais tranqüilidade suas metas administrativas e políticas.

Nos últimos anos, a gestão pública tem sido negligenciada pela literatura de temas organizacionais. Esse fenômeno acontece no Brasil e em outras grandes potências do mundo. Como em nosso país a administração pública é responsável por muitos serviços e produtos, é grave que a produção intelectual e profissional não dê conta desse tipo de problemática. Alguns livros de administração e de marketing abordam o tema, mas em geral de forma tímida e mesmo inexpressiva. Na área de comunicação social, pouquíssimo se tem discutido tanto na academia quanto nos eventos para profissionais – como se esse mercado não existisse ou não necessitasse de bons quadros. Daí a importância de incluir esse tema numa coletânea sobre media training voltada para executivos.

Neste artigo, levantarei algumas questões relativas ao setor público, seu comportamento, desafios, armadilhas. Incluirei as intuições que desenvolvi em anos de carreira como diretor de comunicação social no serviço público, listando alguns pontos que não devem ser esquecidos ao tratarmos de assessoria de imprensa e da imagem do órgão gerenciado.

> **A necessidade de transparência é a maior aliada do gestor nas ocasiões em que sua administração estiver em questão.**

Como sabemos, o *timing* das instituições públicas é diferente, na maioria dos casos, daquele das empresas privadas. As primeiras dependem de licitações, empenhos de recursos financeiros e outras atividades burocráticas que fazem parte de seu cotidiano legal, mas emperram sua competitividade em várias áreas. Contudo, é justamente essa necessidade de transparência a maior aliada do gestor nas ocasiões em que sua administração estiver em questão. Já as empresas privadas, apesar de precisarem respeitar severamente seus orçamentos, podem ser mais rápidas quando houver necessidade de mudança radical de um de seus produtos. Além disso, as políticas de recursos humanos têm dinâmicas totalmente diferenciadas, devido à rapidez para contratar ou para redefinir quadros e locais de trabalho. Uma empresa privada consegue mudar uma equipe de cidade em poucos meses; em uma pública, o processo levará mais tempo e certamente terá o grupo fragmentado – muitas vezes precisando abrir novos concursos, o que pode levar anos para acontecer.

É verdade que há uma vastíssima variação de casos dentro do serviço público. Ao mesmo tempo que encontramos gestores e cientistas do mais alto nível internacional, cujo trabalho é de evidente relevância pública, existem servidores que nunca conseguiriam uma função similar à sua numa empresa privada por não estarem devidamente preparados para aquela atividade ou por não terem sido recapacitados desde o ingresso no serviço. Neste último caso, o despreparo pode gerar problemas graves para responder eficientemente ao princípio de utilidade pública do órgão a que está veiculado.

Por outro lado, é a instituição pública que ainda guarda alguns setores fundamentais para o crescimento do país. Tecnologia de ponta, pesquisas avançadas, investigações científicas integram a mesma rede de importância vital para a população em que encontramos a Previdência Social e os bancos de desenvolvimento social, por exemplo. Em alguns casos, a clientela de um órgão é simplesmente toda a população brasileira ou toda a população de um estado ou de uma cidade. Não é pouca coisa para negligenciarmos.

A esfera pública peca na maioria das vezes por sua falta de transparência, já que, no Brasil, ainda não faz parte da cultura do serviço público a valorização da comunicação social em seu planejamento estratégico – isso quando o órgão possui algum. É fato que, com a criação da Secretaria de Comunicação (Secom) no Governo Federal, avançamos um pouco no sentido de ter algumas políticas de comunicação em âmbito nacional. Mas ainda é muito pouco, sobretudo porque a defasagem entre os profissionais especializados nos quadros permanentes das instituições é bastante expressiva.

A esfera pública peca na maioria das vezes por sua falta de transparência, já que, no Brasil, ainda não faz parte da cultura do serviço público a valorização da comunicação social em seu planejamento estratégico – isso quando o órgão possui algum.

Em alguns lugares, todos os profissionais são terceirizados, com vínculos pouco estáveis, o que fragiliza o sentimento de pertença à instituição. Em outros, são antigos concursados que não encontram mais motivação no trabalho. Simultaneamente, em empresas de capital misto ou públicas que têm vida financeira independente, podemos encontrar ótimos profissionais superatualizados, como na Petrobras. Todavia, mesmo nas empresas públicas de ponta, encontraremos concursados ao lado de terceirizados, contratados e empresas prestadoras de serviços. Para o chefe da assessoria de imprensa, esse é seu primeiro grande problema: ter, em seu micromundo de profissionais de comunicação, uma amostra do que é o resto da empresa, ou seja, uma mistura de categorias e de formas de contratos que representam uma enorme dificuldade na comunicação interna. E, se o público interno não fala a mesma língua, como comunicar para fora?

A FIGURA DO GESTOR PÚBLICO

Grosso modo, os cargos da gestão pública podem ser divididos entre os eletivos e os indicados. Os eletivos dependem de eleições diretas ou indiretas de acordo com o órgão; freqüentemente são pessoas do próprio quadro da instituição, como é o caso das universidades públicas brasileiras em que o reitor e os diretores são professores da casa eleitos por seus pares, por alunos e por servidores técnico-administrativos. Os indicados podem ser funcionários de carreira, mas é comum, em diferentes níveis do poder público, encontrar esses cargos ocupados por políticos ou por pessoas nomeadas por eles. Em qualquer caso, a vida do órgão, e, portanto, sua projeção, é mais importante do que a daquele que o lidera. Este é um dos maiores desafios da assessoria de imprensa de um gestor público: fazê-lo compreender que, se o órgão estiver bem próximo da imprensa e da opinião pública, conseqüentemente será entendido que seu gerente está fazendo um bom trabalho.

> Se o órgão estiver bem próximo da imprensa e da opinião pública, conseqüentemente será entendido que seu gerente está fazendo um bom trabalho.

Naturalmente, seu comportamento será acompanhado pela mídia e o modo pausado ou destemperado com que lida com suas decisões será relevante, podendo virar manchete e escândalo. Por freqüentarem a cena pública, muitos gestores podem confundir as estações e tentar fazer do órgão público uma plataforma para seu marketing pessoal. Em função da mesquinharia política, é comum profissionais de comunicação serem obrigados a trabalhar a imagem do gestor em vez da imagem do órgão. Isso representa um desastre para o setor em questão, e certamente os frutos podres serão colhidos em pouco tempo.

Já nas empresas privadas, a competitividade entre os executivos e a obrigatoriedade de lucro esvaziam bastante a possibilidade da autoprojeção. Se as metas de lucratividade e excelência não são alcançadas, a equipe é reestruturada. E os bons profissionais buscam permanentemente maiores salários, oferecendo o melhor de si a cada oportunidade.

Quando o gestor é empreendedor, sua origem terá pouca importância, pois ficará claro com o tempo – tanto para os funcionários como para os públicos externos – que se trata de uma pessoa séria fazendo o melhor pelo órgão. Para isso, a transparência e o diálogo continuam sendo os melhores ingredientes de uma boa política de comunicação.

Política de comunicação
e a assessoria de imprensa

Toda organização requer uma política de comunicação clara e amplamente embasada na missão-fim de suas atividades. A política de comunicação deverá sempre indicar os caminhos de todas as atividades midiáticas e de integração, especialmente no que concerne ao relacionamento com a imprensa, às estratégias de marketing e à publicidade. Na assessoria de imprensa, a definição da política de comunicação é o momento mais importante de todo e qualquer planejamento de curto, médio ou longo prazo. Grosso modo, no serviço público, podemos dizer que a política de comunicação pode ser voltada para a conceituação do órgão ou para a imagem do gestor, como já vimos rapidamente. Aqui, optamos por trabalhar com a primeira hipótese, acreditando que seja a melhor para todos os envolvidos.

Para poder originar o plano de comunicação da gestão em curso, a política de comunicação precisa ser pensada com base na realidade da instituição. Se o gestor é eleito ou nomeado para um período de quatro anos, o plano deve dar conta desse período. Em alguns lugares, o interstício de gerência é de dois anos; nesse caso, pouco pode ser mudado e é importante privilegiar a história do setor e consolidar seus produtos fundamentais.

Não se pode deixar de ter em mente que tudo que diz respeito ao dinheiro público deve ser conhecido pelos contribuintes. A divulgação permanente é, portanto, um dos princípios fundamentais de uma boa gestão.

Não se pode deixar de ter em mente que tudo que diz respeito ao dinheiro público deve ser conhecido pelos contribuintes. A divulgação permanente é, portanto, um dos princípios fundamentais de uma boa gestão. Em organizações públicas, não costuma haver verba expressiva para investimentos em publicidade e propaganda; e, quando há, o órgão depende de uma série de burocracias para poder executá-la, além de ficar amarrado à agência que lhe foi licitada. Há casos até em que a agência ganhadora da licitação não tem o perfil daquele cliente. Quantas vezes já não nos deparamos com campanhas educativas de saúde, voltadas para população de baixa renda, com estética de comercial de carros importados ou de maquiagem cara? A sensibilidade não se licita. E como, nesse caso, a agência de publicidade ganhará o mesmo dinheiro nem sempre se esforçará para obter o melhor briefing ou fazer a melhor pesquisa.

De qualquer forma, tendo ou não verba, a assessoria de imprensa e demais serviços de relações públicas que não dependam de grandes orçamentos imediatos são as melhores alternativas para colocar (e manter) o bloco na rua. Por outro lado, é inocente pensar que somente os produtos de uma assessoria de imprensa serão suficientes para a execução de uma boa política de comunicação. Na verdade, ela só será eficiente se trabalhar as diversas estratégias midiáticas de forma integrada, unindo assim os diferentes produtos de comunicação externa e interna[1]. Por esse motivo defendo que a área de

---

1. Refiro-me aos diversos produtos de relações públicas, jornalismo e publicidade como jornais internos, sites, relatórios para a imprensa ou para as autoridades, anúncios, estandes em feiras, entre diversos outros. É fundamental que o gestor atente para saber se todos os públicos estão respondendo aos investimentos de seu órgão e se há boatos ou rumores com freqüência. Se os públicos não estiverem demonstrando satisfação nas inovações e nos investimentos e se houver ruídos diferentes várias vezes em poucos meses, é necessário reavaliar se seu plano de comunicação é coerente com seus objetivos administrativos e se a equipe de comunicação social tem a mesma compreensão de sua política.

comunicação esteja reunida em um mesmo lugar, toda sob a mesma liderança e com *status* de diretoria. Claro que sempre de acordo com o tamanho e a proposta do órgão público.

Nesse quadro, considero que a assessoria de imprensa seja uma parte do setor de comunicação, mantendo, evidentemente, sua suprema importância. Quando digo que essas subáreas da comunicação não devam estar isoladas é porque, em cada momento, uma complementa a outra. Em situações de crise, por exemplo, além do trabalho permanente com a imprensa, o setor de comunicação precisa produzir jornais para o público interno, relatórios para autoridades legislativas, campanhas para a população afetada pelo problema, entre outras iniciativas de relações públicas e de propaganda.

Apesar de o cotidiano ser mais planejado e de haver cronogramas sérios a serem seguidos, em geral, a empresa privada interessa menos à imprensa que a pública. E isso é fácil de ser entendido, afinal de contas, as coisas públicas costumam mexer diretamente com a vida da população. Assim, um escândalo, digamos, em uma empresa pública de mineração, terá muito mais repercussão do que um rombo em uma similar, privada – a não ser que o dinheiro envolvido no segundo caso seja público. Em outro exemplo, quando um banco público empresta uma quantia de alto vulto a uma empresa privada e se constata com o tempo que houve desvio ou propina por parte dos executivos da segunda ou de uma das duas, ambas as organizações terão de dar conta à opinião pública do que aconteceu e de quais medidas de correção serão tomadas. Se o problema de corrupção acontecer só na pública, a empresa privada será muito menos requisitada pela imprensa que nos casos anteriores.

Nesse tipo de situação, é fundamental que o gestor abra imediatamente uma sindicância interna e proceda burocraticamente em relação às decisões de ordem jurídica e judicial que a lei determinar. Em qualquer um desses casos, as duas assessorias de imprensa devem dialogar todo o tempo. Se uma empresa resolver culpar a outra só para se livrar do problema, estará cavando a própria cova, pois a imprensa terá

> **Em geral, a empresa privada interessa menos à imprensa que a pública. E isso é fácil de ser entendido, afinal de contas, as coisas públicas costumam mexer diretamente com a vida da população.**

nesse conflito sua fonte de renovação do assunto por muito tempo.

Para que o gestor possa ter tranqüilidade em seguir o aconselhamento de sua assessoria de imprensa, é necessário que ela conte, essencialmente, com profissionais de relações públicas e de jornalismo, de forma que haja uma convergência entre os anseios institucionais e os midiáticos. As atividades da assessoria que requeiram profissionais de informática e de design, por exemplo, certamente serão atendidas pela própria estrutura da diretoria ou departamento de comunicação social. Em alguns casos, a assessoria de imprensa necessita de uma equipe exclusiva para suas atividades e, muitas vezes, precisará terceirizar parte do trabalho, como em caso de grandes eventos que envolvam shows de artistas e comícios de porte. É importante que todas as informações passadas à imprensa também sejam divulgadas nos jornais internos.

Desafios no cotidiano do gestor com a imprensa

É dever da assessoria de imprensa municiar constantemente o gestor com informações atuais e precisas sobre os diversos assuntos do cotidiano.

O gestor deve estar sempre muito bem informado sobre os assuntos que lhe tocam e aqueles acerca dos quais ele pode ser indagado a qualquer momento. É dever da assessoria de imprensa municiar constantemente o gestor com informações atuais e precisas sobre os diversos assuntos do cotidiano. As últimas notícias e índices de interesse da pasta do administrador público não devem ter hora para chegar à sua mesa ou a seus ouvidos; assim, se algo muda no cenário nacional ou internacional, ou se algum fato importante que possa mudar o jogo político acontece, o assessor de imprensa deve ter trânsito livre para comunicá-lo. Por isso, também é fundamental que o clipping seja a primeira coisa a ser lida pelo executivo, e que, antes de cada entrevista ou reunião nas quais a imprensa possa estar presente, o gestor receba de sua assessoria todos os dados, com números e gráficos, sobre os temas que serão tratados naquele dia.

A relação com a imprensa deve sempre ser cordial e transparente, mas é importante focar no que é prioridade, e nem sempre a grande mídia será o principal público a ser atingido. Em muitos casos, é mais útil divulgar uma notícia em jornais especializados ou conceder uma entrevista ao house organ de um sindicato, por exemplo. Outro grande desafio é saber se concentrar no que deve ser dito e não se deixar dispersar pelas perguntas da imprensa sobre outros assuntos que não são o do interesse do dia.

A imprensa costuma fazer perguntas embaraçosas acerca de medidas tomadas por autoridades de seu próprio governo ou por autoridades da oposição, ou ainda sobre como ele vê a performance de algum colega em outro órgão. Mais uma vez, a melhor saída é responder com dados positivos sobre o governo no qual está inserto ou sobre sua área específica. Se as perguntas dos jornalistas podem ser tendenciosas, é importante que o gestor tenha em mente que ele também pode direcionar suas respostas. Em se tratando de um programa ao vivo, pelo rádio ou pela televisão, mais fácil ainda é responder com os dados que quiser divulgar, já que não haverá muito tempo para ser novamente argüido sobre a pergunta anterior.

O gestor não deve se esquecer do grande trunfo que tem: fonte boa é fonte pública.

Quem falará, em nome da instituição, para a imprensa é uma decisão valiosíssima. É um erro pensar que somente o dirigente máximo da empresa concede entrevistas, assim como também é um equívoco que seja sempre o assessor de imprensa o porta-voz da instituição. *A priori*, aquele que mais entende do assunto em pauta é quem deve falar ao público. Desse modo, freqüentemente será mais apropriado e mais fácil que, em vez de o presidente da empresa, um técnico especializado de um setor faça a declaração. Já nos casos em que for importante associar a decisão ou notícia à imagem forte do executivo de comando, ele deverá falar. Em geral, mas não via de regra, o assessor de imprensa fala na ausência dos personagens anteriores ou quando não interessar à empresa personalizar a entrevista.

> É um erro pensar que somente o dirigente máximo da empresa concede entrevistas, assim como também é um equívoco que seja sempre o assessor de imprensa o porta-voz da instituição.

A seguir, listamos algumas atenções fundamentais no relacionamento com a imprensa; são situações do cotidiano dela que podem se transformar em armadilhas perigosas.

O off

Trata-se de um dos horrores dos assessores de imprensa e uma das tentações dos gestores. As pessoas adoram contar um segredinho ao jornalista para provocar sua amizade e, às vezes, até para testá-lo. Trata-se de um erro a ser evitado. Aliás, falar em off para profissionais da imprensa deve ser evitado em qualquer situação. O que não é para ser dito simplesmente não se diz. Afinal, de alguma maneira, aquela informação sigilosa poderá vazar ou, no mínimo, ficar na memória do jornalista até que um dia, ao ter outra informação complementar, ele use as duas – e não caberá à fonte reclamar. O sigilo do jornalista é, sobretudo, uma postura ética e, como tal, não se pode exigir nada ou se ter certeza nunca. Se o jornalista for amigo pessoal do gestor, é importante não misturar os canais e os assuntos, mantendo sempre a posição de não dar informações profissionais ou técnicas, de quaisquer naturezas, em off.

> Se o jornalista for amigo pessoal do gestor, é importante não misturar os canais e os assuntos, mantendo sempre a posição de não dar informações profissionais ou técnicas, de quaisquer naturezas, em off.

Entrevista por telefone

O gestor só deve dar uma entrevista por telefone se estiver muito bem informado sobre o assunto, souber os dados mais relevantes de memória (ou tive-los à sua frente) e receber o aval de sua assessoria de imprensa. Para isso, os assessores precisarão levantar todos os aspectos da matéria em questão: o que o jornalista quer discutir, qual o ponto de vista do veículo ou da editoria, que fatos motivaram a matéria. A entrevista por telefone para rádio também deve ser feita com cautela; em geral, o perfil do programa facilita a escolha das informações que interessam mais à imprensa. Essa seleção, aliás, acontece para qualquer mídia, especialmente com base nas questões levantadas pela assessoria de imprensa com a produção do programa ou do caderno. De qualquer forma, toda entrevista por telefone deve ser rápida, realizada em poucos minutos. O ideal é que o assessor tenha combinado previamente com ambas as partes quanto tempo durará a entrevista, assim como as perguntas a serem colocadas. Visto que a duração já terá sido decidida, o entrevistado pode ficar à vontade, especialmente em relação à mídia impressa, para dizer que seu tempo acabou.

Exclusiva

Este tipo de entrevista normalmente acontece quando a instituição tem alguma informação fresquinha ou, em casos raros, quando quer oferecer um furo de reportagem a um veículo específico. Em geral, é o jornalista que detém a pauta ou, eventualmente, um furo; por isso, a marcação dessa entrevista carece de muito cuidado e estudo sobre como ficarão as relações com os outros jornalistas e veículos. Se o assessor tem trânsito permanente com um repórter ou editor que cobre os assuntos relacionados àquele órgão, é perigoso ceder uma exclusiva a outro veículo ou profissional sem considerar o preço dessa "infidelidade". Ao contrário da coletiva, como os próprios nomes já dizem, a entrevista exclusiva deve ser preferencialmente garimpada com base em um interesse mútuo e de perfis complementares entre a empresa e o caderno, coluna ou programa.

Entrevista coletiva

Grosso modo, podemos classificar as entrevistas coletivas em espontâneas e planejadas. A primeira acontece quando o gestor ou autoridade é cercado pelos repórteres na saída de alguma reunião ou em alguma situação pública. Nesse caso, o interesse costuma se justificar se estiver acontecendo algo grave ou revolucionário na empresa ou órgão do gestor em questão. Geralmente, o executivo fala em pé, sendo um problema para os jornalistas se posicionarem para escutá-lo. Ele deve falar somente sobre os dados que domina e é fundamental que aparente total tranqüilidade com a situação. Em algumas poucas situações – ataques terroristas, por exemplo –, cabe a demonstração de reprovação e de severidade.

Já a coletiva planejada pode acontecer em momentos de crise ou em lançamentos de algum produto ou evento importante. De qualquer forma, é sempre bom poupar o gestor do assédio arbitrário dos repórteres, estabelecendo horários específicos para a imprensa; caso contrário, ele passará o resto da vida só atendendo jornalistas e posando para fotos.

O mais importante em uma coletiva, apesar de ser também o mais óbvio, nem sempre é lembrado àqueles que serão entrevistados: o gestor precisa dispor do maior número possível de informações sobre o assunto em pauta e saber em que momento falar. Por esse motivo, é crucial que os técnicos da área envolvida estejam presentes. Se forem sentar-se à mesa com o presidente da instituição na hora da entrevista, é vital saberem que não podem desmenti-lo nem apresentar outra versão dos fatos. E a recíproca é verdadeira. Os assessores não podem ter acesso aos fatos concretos de uma situação somente na hora da entrevista; logo, o enredo deve ser bem discutido antes da coletiva. Se o gestor não confiar em seus assessores, tem de mudá-los imediatamente.

Naturalmente, se todos os executivos e técnicos de maior relevância tiverem passado por media training, tudo ficará mais fácil. Em diversas situações, uma nota à imprensa é mais eficiente – tanto para os jornalistas como para a assessoria – do que a parafernália espetacular de uma coletiva. A entrevista coletiva só se justifica quando algo importante, que vá mudar a vida dos cidadãos, esteja acontecendo ou quando algum assunto esteja sendo objeto de boatos e rumores de impacto.

O planejamento do local e do horário da entrevista coletiva é peça-chave para seu sucesso; em geral, o horário da tarde permite que o evento tenha a cobertura dos jornais impressos que sairão no dia seguinte e dos canais de televisão que contam com telejornais à noite. Para o rádio e para os jornais online, o horário é de importância relativa.

Já quanto ao local, tudo poderá ir por água abaixo se ele não for bem escolhido – de acordo com o número previsto de repórteres, fotógrafos e cinegrafistas. Decidir se a entrevista

> **Em diversas situações, uma nota à imprensa é mais eficiente – tanto para os jornalistas como para a assessoria – do que a parafernália espetacular de uma coletiva.**

> **O planejamento do local e do horário da coletiva é peça-chave para seu sucesso; em geral, o horário da tarde permite que o evento tenha a cobertura dos jornais impressos que sairão no dia seguinte e dos canais de televisão que contam com telejornais à noite.**

acontecerá em torno de uma mesa ou em um palco tipo italiano também passa pela escolha do posicionamento dos profissionais. Normalmente, os repórteres de rádio e TV ficam mais próximos do entrevistado por causa dos microfones, depois vêm os repórteres de mídia impressa e, atrás deles, os fotógrafos e cinegrafistas. Mas cada situação exigirá uma organização própria ao momento.

Em qualquer um dos casos comentados, o press kit deve ser produzido com cuidado e antecedência (o que nem sempre é possível dada a rapidez dos fatos). Ele precisa conter todas as informações necessárias para o jornalista, de maneira, inclusive, a economizar o tempo do gestor. Se o press kit estiver bem completo (o entrevistado tem de saber o que está dentro dele!), o assessor poderá economizar algumas perguntas.

É importante ainda lembrar que o gestor, mesmo que tenha boas relações com os jornalistas, não deve combinar entrevistas ou declarações sem o conhecimento de sua assessoria de imprensa. As pessoas costumam achar que de comunicação todo mundo entende um pouco e, com isso, acabam reféns da mídia – que pode ser implacável, para o bem ou para o mal, como bem sabemos.

Gestor, atenção com alguns produtos!

Além dos desafios comentados anteriormente, é recomendável que o gestor esteja atento a todos os produtos de comunicação do cotidiano de sua assessoria. Não ter tempo para assistir a um vídeo institucional ou para aprovar uma peça publicitária é um erro que sairá caro depois, quando já será tarde para reclamar. Listamos, a seguir, algumas atividades da assessoria de imprensa imprescindíveis aos diversos momentos do cotidiano do gestor.

Clipping

O clipping tradicional consiste em um conjunto de recortes de jornais distribuído, pela manhã, aos executivos da empresa e a todos os seus profissionais de comunicação. O princípio é evidente: as pessoas que tomam decisões ao longo do dia devem saber desde cedo o que está acontecendo no mundo. Uma notícia sobre uma tragédia na China ou na bolsa de valores de Tóquio pode, em alguns negócios, obrigar o executivo no Brasil a esperar ou mesmo mudar uma decisão.

> **O clipping é, ao mesmo tempo, uma fonte de referências sobre as últimas notícias que interessam ao setor e um indicativo de como o órgão está aparecendo na mídia.**

O clipping é, ao mesmo tempo, uma fonte de referências sobre as últimas notícias que interessam ao setor e um indicativo de como o órgão está aparecendo na mídia. A equipe responsável pelo clipping deve começar o trabalho antes do expediente normal da empresa para que, quando cheguem os primeiros diretores, a coletânea de matérias já esteja pronta. Todavia, isso não significa que ele não deva ter edições complementares no decorrer do dia. Aí reside um dos pontos estratégicos fundamentais do clipping na gestão pública: a manutenção constante dos dados, índices e notícias de relevância para o setor, inclusive nos fins de semana.

É importante que o material seja bem organizado e, de preferência, tenha uma capa identificando rapidamente, com um sumário, as matérias do dia.

Atualmente, existem muitas empresas especializadas em clipping. Cada organização saberá no seu caso se é melhor ter uma equipe própria ou terceirizar esse serviço. Há também empresas especializadas em clipping de TV e de rádio que costumam ser contratadas para entregar pacotes semanais, quinzenais ou mensais; muitas enviam as imagens e sons mais importantes do dia por e-mail à assessoria de imprensa. Em qualquer dos casos, será de grande valia para o planejamento da assessoria de imprensa se um de seus profissionais elaborar um relatório mensal analisando a presença do órgão nas diversas mídias, indicando e comparando os veículos e a repercussão das notícias.

Manual de comunicação

Trata-se de um instrumento extremamente importante para difundir a política de comunicação da empresa, orientando, assim, todos os seus setores internos e alguns externos a saber usar a área de comunicação para o planejamento e a discussão de questões ligadas à mídia ou a eventos. Como a política de comunicação é um desmembramento do plano diretivo do órgão, o gestor tem, nesse instrumento, um difusor de seu conceito de gerência e de metas. No manual, além da definição das missões da empresa e de sua conseqüente política de comunicação, precisa estar claro quais são seus públicos principais e como lidar com eles. Deve conter ainda orientações sobre o atendimento à mídia, inclusive como falar com cada veículo, e também sobre o cerimonial e as normas genéricas para a elaboração de eventos – sem esquecer que, em órgãos públicos, as cerimônias oficiais com protocolo rígido são muito freqüentes.

Press list

A lista com os profissionais de imprensa só faz sentido se for sempre atualizada. Diariamente, todos os membros da equipe que souberem da mudança de um repórter ou de um editor têm o compromisso de atualizar o cadastro a fim de que todos economizem tempo. Além disso, é importante lembrar que as redações vivem em permanente rodízio de profissionais, o que dificulta bastante a manutenção de relações mais pessoais e estáveis no cotidiano com a imprensa. Uma boa lista de imprensa congrega, obviamente, nomes, telefones e e-mails de profissionais das diversas editorias de jornais impressos e online brasileiros,[2] dos sites temáticos ou de grande procura, dos programas de jornalismo ou de variedades nos canais de televisão aberta ou a cabo e, importantíssimo, das emissoras de rádio – que ainda é o veículo de maior penetração no território nacional.

---

2. E também daqueles países com os quais a organização mais se relaciona ou que são sedes de importantes publicações, como é o caso do *Le Monde*, na França, que é um jornal lido em todo mundo e sempre publica notícias sobre o Brasil.

Mailing list

> Os mailings de órgãos públicos costumam ser negligenciados, o que é um grande erro. Nada justifica não ter um mailing atualizado com as autoridades e outros públicos importantes da empresa, mesmo porque, atualmente, muita coisa pode ser enviada e resolvida pela internet.

Os mailings de órgãos públicos costumam ser negligenciados, o que é um grande erro. Geralmente, isso acontece porque o órgão não acredita que terá verba para Correios e produção de impressos. Na verdade, nada justifica não ter um mailing atualizado com as autoridades e outros públicos importantes da empresa, mesmo porque, atualmente, muita coisa pode ser enviada e resolvida pela internet. Há também uma série de acordos que podem ser feitos com os Correios, quando houver necessidade de envio de grandes quantidades. Ademais, em algumas situações, é mais interessante que o material seja entregue pessoalmente, ainda que isso signifique ocupar boa parte da equipe com essa tarefa.

No caso de uma empresa estadual, por exemplo, os secretários de governo e os deputados eleitos para aquele estado são públicos que devem receber permanentemente material da instituição, além de sempre ser convidados para os eventos que lá aconteçam. Afinal, são eles os representantes do povo que aprovarão ou não as leis e os orçamentos para a empresa em questão.

O mailing list deve ser dividido em públicos específicos, que apareçam em um banco de dados fácil de trabalhar, de maneira que também possam ser atualizados diariamente. Dele precisam constar, separados por categorias, todos os públicos com os quais a empresa se relaciona no cotidiano ou esporadicamente.

Banco de especialistas da instituição

Tanto para as publicações internas como para o atendimento à grande imprensa ou à mídia especializada, é fundamental saber quem tem competência para falar sobre os diversos assuntos da empresa. A assessoria de imprensa deve então organizar um banco de dados com os especialistas da instituição e as palavras-chave de cada caso. Desse modo, quando a imprensa solicitar um especialista para palpitar sobre alguma questão mundial ou local, a assessoria terá rapidamente como colocar seus técnicos e especialistas na mídia e, assim, consolidar o conceito de sua empresa ante a opinião pública.

Se trabalhamos, por exemplo, em uma instituição especializada em ciências atuariais, é importante que, a cada nova lei ou programa de seguros do governo, os especialistas da área apareçam explicando o que o governo pretende e até fazendo projeções, se for politicamente correto. O especialista deve estar sempre de acordo em conceder a entrevista, e necessita saber com antecedência em que condições será entrevistado.

Isso tudo significa que a empresa precisa estar preparada para aparecer na imprensa nas mais diversas situações, e não só quando há crises ou conflitos. Se a empresa permanecer numa posição passiva, pronunciando-se somente quando demandada, transmitirá uma imagem de companhia fraca ou com problemas. Outra postura importante a ser explorada é a publicação de artigos de opinião dos executivos da empresa, especialmente quando a sociedade está discutindo algum assunto polêmico. Todos os jornais disponibilizam espaços para artigos de opinião. É importante ocupá-los com gente da instituição para a qual trabalhamos.

> Outra postura importante a ser explorada é a publicação de artigos de opinião dos executivos da empresa, especialmente quando a sociedade está discutindo algum assunto polêmico.

Media training

O treinamento para mídia inclui exercícios sobre como articular bem as palavras para rádio, TV e telefone e como cuidar de sua aparência para fotos e TV. Também prepara o executivo para contornar perguntas maldosas sem perder a elegância e saber se comportar em coletivas, exclusivas, off etc. Cada empresa saberá o que é importante constar do treinamento de seus executivos, de acordo com o perfil deles e também com as temáticas em voga na época. Podemos sugerir que os executivos sejam recapacitados em mídia anualmente, mas em muitos casos o espaço de tempo pode ser maior. É comum contratar empresas terceirizadas para dar esse treinamento, até porque o instrutor deve ser imparcial e manter distância das questões de ordem emocional da organização.

Press kit básico

Toda assessoria de imprensa deve ter um material de divulgação básico que possa ser usado em qualquer situação (*folders*, histórico da instituição, último relatório etc.), como na visita de uma autoridade estrangeira às instalações da empresa ou num escândalo em alguma sucursal no interior do país. Esse material básico precisa ser revisto e atualizado periodicamente. Assim, a cada necessidade de montar um press kit para a imprensa ou para algum evento, parte genérica desse material já estará pronta, devendo-se somente acrescentar as informações específicas do novo assunto em questão. Com enfoque nos fatos positivos de maior relevância, o press kit é um curinga nas mãos do gestor.

ALGUNS COMENTÁRIOS A MAIS

A assessoria de imprensa é só uma parte do trabalho de comunicação social de uma empresa pública. Sem as demais atividades de comunicação ligadas às relações públicas, à publicidade e ao jornalismo, a assessoria de imprensa será fraca, incapaz de andar com as próprias pernas em diversas situações, nas quais precisará do suporte dos demais profissionais.

Além disso, como em qualquer outra área profissional séria, a ética e os princípios de transparência e diálogo devem prevalecer em todos os momentos do planejamento e do cotidiano da assessoria. Em situações de crise, aliás, esses princípios são os únicos que podem manter a integridade da empresa e, portanto, sua imagem positiva ante a opinião pública. É necessário um trabalho de formiguinha, construindo e consolidando no dia-a-dia o conceito favorável à instituição.

Como em qualquer outra área profissional séria, a ética e os princípios de transparência e diálogo devem prevalecer em todos os momentos do planejamento e do cotidiano da assessoria.

Com os jornalistas, isso é conseguido atendendo-os sempre[3] com franqueza, comunicando-lhes com antecedência a

---

3. Ao receber uma solicitação de informação, a pior coisa a fazer com um repórter é dizer que vai entrar em contato depois para responder e nunca fazê-lo. Nesse caso, o jornalista perderá a confiança no assessor e, nas próximas vezes, desconfiará de seu discurso.

cada boa notícia ou evento importante e fornecendo todos os dados possíveis para que aquele assunto possa crescer. O gestor deve estimular seus assessores a visitar as redações com certa freqüência, até acompanhando-os em alguns casos; é normal também que o gestor e seu chefe da assessoria almocem ou jantem com alguns editores e colunistas. Se os dois lados forem sérios e tiverem a ética como princípio fundamental, isso não significa oportunismo, mas um fortalecimento das relações, que é importante para ambas as partes. Não podemos esquecer que o bom jornalista precisa de boas fontes.

Pelo fato de a controvérsia e o conflito serem questões bastante presentes nas instituições públicas – devido a leis inesperadas, crises políticas nacionais e internacionais, quedas e altas nas bolsas de valores etc. –, a área de comunicação social deve ser entendida como prioridade em qualquer gestão. Mesmo em momentos aparentemente tranqüilos, convém que a equipe de comunicação esteja trabalhando a todo vapor para consolidar a imagem da instituição ante seus públicos, a fim de que, na hora em que precisar destes, possa contar favoravelmente com eles. Por isso, o investimento na área de comunicação é importante não só no que se refere à contratação e manutenção de bons profissionais, como também em relação à aquisição de bons equipamentos com tecnologia de ponta.

O setor de comunicação não pode ser visto como um lugar menor na estrutura da organização; afinal, é ali que estão os olhos, os ouvidos e a boca da instituição.

O setor de comunicação não pode ser visto como um lugar menor na estrutura da organização; afinal, é ali que estão os olhos, os ouvidos e a boca da instituição.

Referências Bibliográficas

Breton, Philippe. *L'explosion de la communication à l'aube du XXI siècle*. Paris: La Découverte, 2002.

Freitas, Ricardo; Santos, Luciane Lucas dos (orgs.). *Desafios contemporâneos em comunicação: perspectivas de relações públicas*. São Paulo: Summus, 2002.

Kunsch, Margarida (org.). *Obtendo resultados com relações públicas*. São Paulo: Pioneira, 1997 .

Santos, Luciane Lucas dos (org.). *Com credibilidade não se brinca! A identidade corporativa como diferencial nos negócios*. São Paulo: Summus, 2004.

◆ · ◆ · ◆

O autor

Ricardo Ferreira Freitas é professor da Faculdade de Comunicação Social da Uerj, onde foi diretor entre 1996 e 1999. Foi o diretor de Comunicação Social da Uerj entre 2000 e 2003. É doutor em Sociologia pela Sorbonne, mestre em Comunicação pela UFRJ e graduado em Relações públicas pela Uerj. É autor de *Centres commerciaux: îles urbaines de la post-modernité*, Paris, L' Harmattan. Organizou, com Luciane Lucas, a coletânea *Desafios contemporâneos em comunicação: perspectivas de relações públicas*, também pela Summus Editorial.

5

Como potencializar o trabalho de sua assessoria de imprensa

VERA DIAS

Se o relacionamento com a imprensa é fundamental para dar visibilidade à sua atividade, contar com uma assessoria que o ajude a estabelecer esse relacionamento e dar continuidade a ele é imprescindível. Para isso, é preciso estabelecer critérios de seleção e entender em que consiste a natureza desse trabalho. Desconfie dos profissionais que lhe assegurarem capas de revistas e manchetes nas primeiras páginas de jornais, porque os milagres ainda não fazem parte do portfólio de serviços oferecidos pelos que levam a atividade a sério e a exercem dentro dos princípios éticos e de respeito à liberdade de imprensa.

A resposta à questão que dá nome a este artigo é simples e pode ser sintetizada em quatro palavras: confiar em sua assessoria. Paradoxalmente, ganhar a confiança de seu assessorado/cliente – seja ele interno ou externo – talvez seja a maior dificuldade enfrentada pelos profissionais de comunicação especializados na intermediação do relacionamento entre fontes e jornalistas. E não importa muito se essas fontes são empresas, governos, instituições acadêmicas, entidades públicas/privadas, ONGs, políticos, artistas, cientistas e/ou profissionais liberais.

O porquê dessa contradição está ligado a fatores que vão desde a recente profissionalização da atividade de assessor de imprensa – não mais de vinte anos – à percepção equivocada de que comunicação não é uma especialização, mas uma matéria da qual todo mundo entende um pouco; portanto, algo sobre o qual todos se sentem à vontade para dar palpite.

Essa percepção prevalece, sobretudo, quando uma empresa, governo e/ou instituição trata o relacionamento com a imprensa dentro de um contexto abrangente de comunicação, porém sem a devida diferenciação. Ou seja, partem do princípio errôneo de que os mecanismos pelos quais se estabelece um canal de relacionamento com jornalistas são os mesmos utilizados pela comunicação de marketing, seja este de caráter político, institucional ou de consumo. E, como essas empresas, governos e/ou instituições estabelecem como premissa algo que não corresponde à realidade, desconfiam, *a priori*, de quem afirma que a comunicação de marketing e a comunicação com a imprensa podem até ser disciplinas complementares, mas, em seu cerne, são totalmente diferentes.

> A comunicação de marketing e a comunicação com a imprensa podem até ser disciplinas complementares, mas, em seu cerne, são totalmente diferentes.

E são diversas, sim, porque atendem a objetivos completamente diferentes e ocupam espaços totalmente díspares. Enquanto a comunicação de marketing transmite a mensagem de um patrocinador com o objetivo de vender algo – mesmo que uma imagem institucional – e, para isso, compra o seu espaço de veiculação, o assunto que se torna notícia ocupa um espaço que está a serviço do leitor/ouvinte/telespectador. A fim de ocupá-lo, o objeto da notícia não paga por ele, mas precisa ter peso e relevância para aquele leitor/ouvinte/telespectador.

Mostrar essas diferenças e sensibilizar seus interlocutores nas organizações para a melhor forma de tratá-las constitui, na maior parte das vezes, um dos grandes desafios enfrentados pelos assessores de imprensa. Isso porque, em grande parte dessas organizações, esses interlocutores não estão familiarizados com a realidade do universo jornalístico. Portanto, desconhecem as pressões e as necessidades que o caracterizam, não praticam seus códigos nem reconhecem os princípios de raciocínio que determinam por que um assunto pode ou não virar notícia.

EM QUEM CONFIAR

Se contar com a confiança de seu assessorado é fundamental à boa realização do trabalho de uma assessoria, para quem busca profissionais de comunicação, é essencial saber quais critérios usar em sua seleção, acompanhar seu desempenho, medir e cobrar resultados. Isto é, que parâmetros devem fundamentar essa relação de confiança.

O primeiro deles é reconhecer que o trabalho de assessoria de imprensa vai muito além do simples envio de press releases, da clipagem de notícias e da atualização de uma lista de contatos em publicações. É muito mais abrangente e complexo e, por isso, exige qualificação profissional específica.

> O trabalho de assessoria de imprensa vai muito além do simples envio de press releases, da clipagem de notícias e da atualização de uma lista de contatos em publicações.

Isso significa contar com assessores experientes. Profissionais que conheçam as particularidades do universo jornalístico e, ao mesmo tempo, mostrem-se capazes de traduzi-las para a fonte que vão assessorar, façam-na pertencer ao mundo corporativo, político, acadêmico, científico e/ou artístico. Profissionais que também tenham a capacidade de se aprofundar na natureza da atividade de seu assessorado/cliente para, partindo de suas limitações e possibilidades, estabelecer um bom canal de relacionamento com a imprensa.

A definição desse perfil já determina por si que, a fim de executar bem seu trabalho, o assessor de imprensa precisa conhecer em profundidade o universo que vai assessorar. E, para tanto, é fundamental que esteja inserto em sua dinâmica, que acompanhe suas discussões estratégicas e seu processo decisório – por mais que os assuntos tratados nesses fóruns sejam confidenciais e sensíveis.

Essa intimidade possibilitará que o assessor pense a comunicação e, conseqüentemente, o relacionamento com a imprensa de forma estratégica. Aliás, a forma como ela deve ser pensada e tratada para que agregue valor e faça diferença no contexto em que está inserta.

O QUE É PRECISO SABER DE ANTEMÃO

Se o relacionamento de parceria com a assessoria de imprensa é pré-requisito para uma atividade de comunicação bem-sucedida, é preciso compreender ainda que o assessor não faz milagres. Planejar uma atividade de relacionamento contínuo com a imprensa requer tempo, talvez o bem mais precioso na vida de qualquer profissional que se disponha a atuar como fonte.

Entregar o planejamento estratégico de comunicação a uma assessoria é, sem dúvida, uma forma de profissionalizar a atividade e de ganhar tempo, mas que nenhum empresário, executivo, cientista, acadêmico, político e/ou artista se iluda: no momento de executar o que está planejado, contar com a disponibilidade da fonte é essencial. E estar disponível significa ter agenda, abri-la com freqüência e dar instruções a secretárias e assistentes para não transformá-la em barreira intransponível.

Isso vale para atender às demandas de jornalistas trazidas pelos assessores, como a dos próprios profissionais da assessoria, quando precisam levantar informações e/ou brifar suas fontes para um contato com a imprensa. Sem a flexibilidade da fonte para atender a essas necessidades, que são intrínsecas à dinâmica da atividade de comunicação, todo o esforço da assessoria vai por água abaixo.

Além disso, é fundamental entender que **algumas atitudes são extremamente prejudiciais à execução do trabalho** e podem comprometer seriamente a credibilidade da assessoria e da própria fonte. Para facilitar a compreensão, vale listá-las:

• Acatar a estratégia de comunicação traçada pela assessoria de imprensa para determinado fato relevante e, no momento da execução, "atropelar" o projeto com ações opostas às que haviam sido previamente planejadas.

• Usar a assessoria como escudo, quando a fonte não quer falar sobre determinado assunto, exigindo que ela dê desculpas esfarrapadas para justificar o não.

• Impor à assessoria determinada estratégia de abordagem com a imprensa, independentemente do valor jornalístico do fato, por mais que a assessoria argumente sobre sua relevância. Exemplo típico: exigir coletivas para qualquer comunicação a ser feita para jornalistas.

• Não manter o canal de informação com a assessoria e, nas vésperas de um evento/anúncio/comunicado de fato importante, exigir que ela convoque e garanta a presença de jornalistas, a fim de noticiar o que precisa ser comunicado.

• Esperar que a assessoria tenha total controle do que será publicado sobre a fonte em espaço editorial.

• Passar informação a jornalistas sem o conhecimento prévio da assessoria.

• Cobrar da assessoria solução para problemas de marketing, quando ela só está apta a resolver questões relativas à comunicação. O espaço noticioso não é espontâneo – como muitos erroneamente o denominam –; portanto, não é a forma mais barata de fazer publicidade. Tentar substituir uma coisa pela outra é a forma mais fácil de não obter resultados, só frustração.

• Fazer da assessoria o único porta-voz e não o intermediador do relacionamento da fonte com a imprensa.

• Desmentir a assessoria ao falar com jornalistas e/ou mentir a ambos. Muitas vezes, para valorizar-se como fonte, um empresário/executivo revela uma informação que a assessoria assegurara ao jornalista ser confidencial. Pior: quando o dado não é realmente passível de publicação e a fonte mente, inventando, por exemplo, um número e/ou percentual.

- Após conceder uma entrevista, exigir que a assessoria contate o jornalista para pedir a não-publicação da matéria e/ou desdizer algo que foi informado durante a entrevista. O que foi dito está dito, sem chance de ser esquecido.

O QUE EXIGIR DO TRABALHO DA ASSESSORIA

> A contrapartida que todo profissional sério de comunicação deve a seu assessorado/cliente começa por não prometer aquilo que não pode cumprir.

> Por mais que o assessor esteja inserto e engajado nos objetivos da organização, manter a independência de pensamento é fundamental para que possa formular as melhores estratégias de ação com a imprensa.

A contrapartida que todo profissional sério de comunicação deve a seu assessorado/cliente começa por não prometer aquilo que não pode cumprir: garantias de capas em revistas e/ou de manchetes nas primeiras páginas de jornais. O bom assessor de imprensa sabe os limites do quanto pode influenciar decisões editoriais e deve ser capaz de explicar os motivos aos que não estão familiarizados com eles.

Portanto, desconfiem da seriedade dos que prometerem mundos e fundos e garantirem total e absoluto controle do processo de fazer um assunto transformar-se em notícia. Ao mesmo tempo, exijam de seus assessores o distanciamento jornalístico necessário para julgar se um assunto tem ou não potencial de se transformar em notícia. Por mais que o assessor esteja inserto e engajado nos objetivos da organização ou da pessoa que representa, manter a independência de pensamento é fundamental para que possa formular as melhores estratégias de ação com a imprensa.

Além disso, é imprescindível que o profissional de assessoria tenha:

- Bons contatos nos veículos de comunicação. E isso significa conhecer profundamente os meios que são seu foco de trabalho e a trajetória dos profissionais que os representam e com quem trabalha.
- Credibilidade na imprensa. Ser reconhecido como um profissional que conhece bem o negócio dos clientes que representa e entende as necessidades da imprensa; sendo assim, que não é um mero entregador/remetente de press releases.

- Percepção e sensibilidade para detectar boas oportunidades de a fonte ocupar espaço editorial. O que só é possível fazer se o profissional acompanha de perto o que cada um de seus veículos-foco publica.

- Habilidade para dizer e explicar os nãos à imprensa, quando eles forem necessários. Nem sempre o que o jornalista quer saber as organizações podem contar. A rapidez e a transparência com que o assessor que as representa explica uma impossibilidade de atender a um pedido de informação são fundamentais para manter sua credibilidade. Por exemplo, se uma empresa tem como norma não divulgar seu faturamento, índices de lucratividade e percentual de participação no mercado, isso deve ser informado de antemão a todo e qualquer jornalista que a procure com a intenção de fazer um balanço de suas atividades.

- Habilidade para dizer e explicar os nãos à(s) fonte(s), quando eles forem necessários. Nem sempre o que é importante para uma organização comunicar tem interesse jornalístico, ou seja, é relevante para um número significativo de pessoas, valendo ser notícia. O bom profissional de assessoria consegue explicar isso a quem representa, mostrando que insistir no que não é notícia, além de perda de tempo, é risco de comprometimento da credibilidade como fonte. Se, por exemplo, uma iniciativa tomada por uma empresa só interessa a seus funcionários, não faz sentido usar meios de massa para comunicá-la a esse público – basta usar seus veículos internos para difundir a notícia. É claro que, se essa iniciativa for algo inovador para os modelos de gestão, pode até virar notícia em meios externos. Mas ainda assim é fundamental que os funcionários afetados/beneficiados pela medida a conheçam primeiro pelos meios da empresa, e não pelas páginas dos jornais.

- Criatividade para criar pautas e despertar o interesse jornalístico. Para gerar notícia, não é obrigatório organizar um evento. Aliás, na maior parte das vezes, não é. Notícia, é importante ressaltar, traduz-se aqui por fato relevante que afeta a vida de muitas pessoas e, por isso, gera interesse jor-

> Para gerar notícia, não é obrigatório organizar um evento. Na maior parte das vezes, não é.

nalístico. Quanto maior for o número de pessoas afetadas por um fato, maior relevância ele terá como notícia. É por essa razão que, no noticiário de negócios, são tão relevantes as notícias como as que abordam a criação significativa de empregos ou a extinção deles; os lucros históricos das grandes empresas, assim como seus prejuízos; o investimento e o crescimento de organizações, assim como as situações em que perdem mercado; o comportamento fora da curva de um setor de indústria etc. Tudo isso gera impactos positivos ou negativos na vida de um número expressivo de pessoas, sejam elas empregadas, consumidoras, parceiras de negócios ou fornecedoras dessas companhias.

• Conhecimento para explicar que o espaço noticioso dos veículos de comunicação está a serviço do público ao qual são dirigidos e que, portanto, aquilo que publicam precisa ter relevância para essa audiência.

• Firmeza e independência para defender o ponto de vista da notícia, mesmo quando os apelos do marketing pareçam mais atraentes à fonte. A abordagem jornalística é substantiva, baseada em fatos. Os adjetivos devem ser a conclusão do leitor/ouvinte/telespectador, ao analisar a notícia.

• Capacidade para conciliar os interesses da fonte com os da imprensa e para preservar o canal de relacionamento, quando os objetivos não forem conciliáveis. Aqui, o retorno rápido e a transparência para explicar a não-participação em uma matéria são fatores-chave.

• Sangue frio para enfrentar os momentos de pressão e de crise. Um bom profissional de comunicação deve ser capaz de manter a calma a fim de fazer um real diagnóstico da situação e poder pensar em soluções.

• Agilidade e tenacidade para driblar entraves burocráticos dentro da organização para a qual trabalha, a fim de conseguir a informação com a velocidade necessária, de forma a atender o tempo do jornalista: sempre para ontem.

• Talento para conquistar a simpatia dos diversos setores da organização para a "causa" do bom relacionamento com jornalistas.

• Profissionalismo para demonstrar por que a gestão da comunicação exige pensamento estratégico e por que este será mais bem exercido quanto mais e melhor o assessor conhecer a realidade da organização que representa/assessora. Envolver um assessor só quando os fatos já estão consumados, sem que ele possa acompanhar os processos de decisão da empresa/instituição, é a melhor forma de impedi-lo de exercer seu pensamento estratégico em benefício da organização.

> A gestão da comunicação exige pensamento estratégico, e este será mais bem exercido quanto mais e melhor o assessor conhecer a realidade da organização que representa/assessora.

Em termos bem operacionais, é de esperar que a assessoria acompanhe, clipe e analise todo o noticiário que possa interessar a seu assessorado/cliente. No dia-a-dia, é esse acervo de informações que lhe dá a dimensão do quanto está conseguindo (ou não) sensibilizar a imprensa para os assuntos que representa. A análise e a comparação desse material, por exemplo, com o que vem sendo publicado sobre seus competidores dimensionarão a qualidade dessa cobertura.

É também pressuposto que o assessor ajude a fonte a se preparar para cada entrevista. Para isso, precisa trazer briefings detalhados sobre o conteúdo da matéria que está sendo produzida, as expectativas do repórter em relação à fonte e o perfil do próprio jornalista. É imprescindível, ainda, que o assessor acompanhe todas as entrevistas concedidas por seu assessorado, de forma que possa observá-lo na condução das conversas com jornalistas e ajudá-lo sempre que preciso. Essa ajuda tanto pode consistir na busca de informações complementares, para serem transmitidas posteriormente ao entrevistador, como na viabilização de outras entrevistas, em função dos desdobramentos da pauta inicial.

Treinar o cliente na capacidade de se comunicar com objetividade, clareza e síntese – qualidades fundamentais para uma boa entrevista – também faz parte do suporte prestado por uma assessoria de imprensa. E esse treinamento será mais efetivo quanto mais e melhor reunir informações sobre a atitude do jornalista em relação à fonte em questão, seus assuntos de interesse, o que vem abordando nas matérias mais

> Treinar o cliente na capacidade de se comunicar com objetividade, clareza e síntese – qualidades fundamentais para uma boa entrevista – também faz parte do suporte prestado por uma assessoria de imprensa.

recentes; além, claro, de simular as situações de entrevistas, que, em seguida, devem ser analisadas e discutidas para que a fonte possa aprimorar-se.

COMO MEDIR RESULTADOS

Os critérios para avaliar os resultados do trabalho de uma assessoria de imprensa estão diretamente ligados aos motivos que levam uma organização e/ou uma pessoa física a buscar esse serviço.

Os critérios para avaliar os resultados do trabalho de uma assessoria de imprensa estão diretamente ligados aos motivos que levam uma organização e/ou uma pessoa física a buscar esse serviço para facilitar seu relacionamento com a imprensa. No caso de "celebridades de ocasião", contabilizar a quantidade de notícias publicadas pode ser um termômetro mais do que satisfatório, uma vez que, para quem busca a fama pela fama, qualquer manchete vale a pena na corrida para prolongar os 15 minutos de holofotes que costumam incidir sobre esses "cometas" do noticiário. Isso independentemente do conteúdo do que é publicado e da qualidade dos veículos em que esses conteúdos circulam.

Para os que, entretanto, buscam o relacionamento com a imprensa como meio para falar/prestar contas às diversas audiências das quais precisam estar próximos, a contabilização pura e simples de notícias, mesmo quando utilizando o recurso da centimetragem,[1] fica muito aquém do satisfatório. Primeiro, porque quantidade não significa necessariamente qualidade e, também, porque há aspectos, de médio e longo prazos, no relacionamento com jornalistas, que não se traduzem imediatamente em espaço editorial dedicado a determinada fonte.

1. Centimetragem é o recurso que contabiliza em centímetros o espaço editorial ocupado em determinado veículo e o compara ao valor do centímetro publicitário (espaço pago) cobrado pela mesma publicação a fim de gerar um valor hipotético de verba economizada em publicidade.
Do meu ponto de vista, o recurso é totalmente equivocado, uma vez que as duas disciplinas da comunicação – publicidade e jornalismo – têm objetivos totalmente diferentes. Portanto, comparar espaço noticioso com espaço de propaganda é o mesmo que comparar limões com laranjas.

Por isso, ao optar por esse tipo de métrica, é importante utilizar variáveis que qualifiquem em termos de repercussão e formação de opinião o espaço editorial ocupado, na equação que o comparará ao que seria o seu equivalente em espaço publicitário comprado. Esse cuidado evitará a miopia das conclusões que se restringem ao raciocínio do "quanto de verba publicitária foi poupado com a geração de notícia". Além da variável qualitativa, é importante usar a métrica comparativa com os espaços editoriais ocupados pela concorrência; só assim a empresa/organização poderá traçar uma curva que avalie a evolução de seu desempenho no relacionamento com a imprensa em relação a si mesmo e em relação aos demais participantes de seu mercado e/ou área de atuação.

Além da centimetragem, é importante lançar mão das pesquisas de opinião para avaliar como a sua comunicação é percebida e avaliada pelos jornalistas. Se o objetivo da empresa/organização é construir com a imprensa um relacionamento contínuo e de longo prazo, a qualidade desse relacionamento precisa ser medida por aspectos que transcendam os espaços noticiosos ocupados.

> **Além da centimetragem, é importante lançar mão das pesquisas de opinião para avaliar como a sua comunicação é percebida e avaliada pelos jornalistas.**

E que aspectos são esses?

O fato de, por exemplo, muitas vezes uma informação ser transmitida a um jornalista sem o objetivo de ser transformada em notícia no dia seguinte. Contudo, uma informação que não se define como um fato em si, com relevância para virar manchete, é suficientemente importante para ajudar esse profissional de imprensa a entender melhor determinado contexto. Nos ambientes empresariais, das instituições acadêmicas/científicas e até mesmo do terceiro setor, é muito comum a organização de seminários e workshops com o objetivo de ampliar e aprofundar o conhecimento de repórteres e editores sobre determinados temas. Programas cujos conteúdos podem até, em médio prazo, suscitar interesse jornalístico, mas cujo objetivo imediato é gerar retorno para o jornalista.

Portanto, a análise qualitativa e comparativa do conteúdo das matérias – que circulam nos veículos de comunicaçãofoco para que a fonte atinja os públicos com os quais precisa se relacionar – ainda é a melhor forma de avaliar se o trabalho da assessoria de imprensa está ou não atingindo seus objetivos. A fim de garantir sua neutralidade, essa análise deve ser realizada mensalmente por uma terceira parte e, no caso de empresas e instituições acadêmicas/ científicas, deve conter, além da abordagem comparativa entre publicações, a comparação com o desempenho dos concorrentes.

Somada à realização de uma pesquisa qualitativa anual, que ouça dos próprios jornalistas sua opinião sobre a forma como determinada fonte está se relacionando com a imprensa, a análise de conteúdos editoriais traça um quadro bastante preciso do trabalho que a assessoria de imprensa vem realizando. Além de medir resultados, essas atividades também constituem instrumentos eficientes para validar iniciativas e também para identificar necessidades e novas oportunidades.

Sem dúvida, todos esses fatores são relevantes para potencializar e medir o trabalho de sua assessoria de imprensa. Mas nada disso terá valor ou alcançará bons resultados se a base do relacionamento com a assessoria não for a confiança. É imprescindível reconhecer que os profissionais que a integram têm uma especialização e dominam uma prática que requer conhecimento específico; portanto, sua atividade não pode ser conduzida na base do palpite e da improvisação.

> **Os assessores de imprensa têm uma especialização e dominam uma prática que requer conhecimento específico; portanto, sua atividade não pode ser conduzida na base do palpite e da improvisação.**

A AUTORA

Autora do livro *Como virar notícia e não se arrepender no dia seguinte*, Vera Dias tem mais de vinte e cinco anos de experiência em comunicação. Começou sua carreira no jornalismo, no jornal *O Globo*. No final da década de 1980, migrou para o mundo da comunicação corporativa, atendendo, com a própria consultoria, a empresas como IBM, Cervejarias Kaiser, Chocolates Garoto e AT&T. Em 1998, tornou-se gerente de comunicação da IBM Brasil, respondendo pela comunicação interna e pelo suporte de comunicação ao time executivo, além de cuidar do relacionamento da empresa com a imprensa. Atualmente, é Diretora de Comunicação da IBM para a América Latina.

6

Coletiva de imprensa: quando e como?

RENATA UTCHITEL

Se você responde, neste momento, pela divulgação de algum tema relevante, capaz de atrair o interesse da opinião pública e, conseqüentemente, dos jornalistas, convocá-los para uma coletiva de imprensa pode ser uma boa alternativa. Mas é necessário saber como fazê-lo e o que comunicar antes, durante e depois do evento. Além disso, é imprescindível que sua empresa ou cliente já tenha um bom relacionamento com os meios de comunicação e que ele não esteja restrito apenas à publicidade. Este artigo busca oferecer alternativas para que você, como gestor, identifique temas relevantes e merecedores de uma coletiva, ao mesmo tempo que apresenta algumas observações quanto à preparação de porta-vozes.

Este artigo tem por objetivo discutir uma ferramenta de trabalho muito utilizada pelas assessorias de imprensa: a entrevista coletiva – também chamada de coletiva de imprensa. O que é, quando convocar os jornalistas, problemas comuns na organização desses eventos e, naturalmente, como resolvê-los, é um pouco do que se pretende abordar aqui.

Imagine esta situação: uma empresa tem interesses estratégicos na divulgação de determinado assunto. Contrata uma assessoria de imprensa, aluga uma sala de convenções em um hotel, contrata um *buffet* para montar um *coffee break*, elabora e produz um press kit, reserva uma tarde na agenda de seu presidente, passa dias telefonando para vários jornalistas. Porém apenas dois deles aparecem na entrevista e claramente demonstram pouco interesse pelo tema anunciado.

Constrangedor? Embaraçoso? Sem dúvida. Mas acontece.

Neste artigo serão indicados cuidados que podem ser tomados e critérios que podem ser adotados na organização de um evento dessa natureza, para que o assessor de imprensa evite, ao máximo, as situações desagradáveis.

Na base do problema: relacionamento com a mídia e relevância da notícia

> A assessoria de imprensa não se resume a um esforço para estampar uma marca, uma pessoa ou uma mensagem em jornais, revistas e programas de TV.

Em primeiro lugar, é importante lembrar que a assessoria de imprensa não se resume a um esforço para estampar uma marca, uma pessoa ou uma mensagem, em jornais, revistas e programas de TV. Para isso, existe a publicidade, na qual o comprador do espaço no veículo de comunicação paga para escolher a mensagem que deseja passar ao grande público.

Esse conceito é importante e está fundamentado na diferença entre a assessoria de imprensa e a publicidade, duas vertentes distintas da comunicação, que um número muito grande de executivos e profissionais de outras áreas ainda tem por hábito confundir, mas que se diferem, em linhas gerais, no conceito e nos procedimentos.

• A assessoria de imprensa tem sua essência na credibilidade que os veículos de comunicação atestam a respeito de um produto, serviço ou imagem. O assessor trabalha para que seu cliente (uma empresa, um produto ou uma figura pública) seja bem citado ou foco de um espaço editorial – aquele destinado a notas e matérias, e não à publicidade. O conteúdo da reportagem é definido pelo jornalista, que vai apurar as informações antes de redigir sua matéria. E este espaço ocupado não será pago.

• A publicidade, por sua vez, está relacionada ao fortalecimento da imagem, pela exposição repetitiva, que gera lembrança. Por meio de uma agência de publicidade (ou de uma equipe interna), a empresa cria uma peça publicitária, com o texto, a mensagem e as fotos que visa divulgar. E compra o espaço no veículo de comunicação (anúncios na TV, *jingles* no rádio, anúncios em revista) para a veiculação desta peça. A empresa tem total controle sobre o conteúdo, mas paga por isso – e o consumidor sabe que, por se tratar de propaganda, a mensagem não tem o endosso daquele canal de comunicação que a veicula.

Em um trabalho completo de comunicação, relacionamento com a imprensa e publicidade devem ser atividades casadas. Aqui, porém, pelo objetivo deste artigo, apenas a primeira delas será discutida.

Em um trabalho completo de comunicação, relacionamento com a imprensa e publicidade devem ser atividades casadas.

* * *

A assessoria de imprensa consiste em um permanente trabalho de relacionamento, regado a muita criatividade.

Uma das principais funções de um assessor de imprensa é pensar em assuntos do ambiente corporativo que sejam de interesse público e correspondam aos perfis dos diferentes veículos de comunicação. Novos produtos, projetos relacionados à comunidade do entorno, ações ambientais, contratação de novos executivos são exemplos de temas inerentes ao universo empresarial, mas que atraem veículos de comunicação diferenciados. Há colunas em jornais com grande interesse no vaievém de executivos em companhias de grande porte, há revistas especializadas sobre temas ambientais. Por isso, o profissional de assessoria de imprensa precisa conhecer muito bem não apenas o negócio que pretende divulgar, como também os jornais, as revistas, os programas de TV e as estações de rádio que têm interesse nos temas que fazem parte desse seu universo.

O assessor de imprensa elabora notas interessantes para colunistas, prepara e distribui press releases e está sempre atento para propor aos repórteres as chamadas sugestões de pauta (assuntos que possam ser transformados em matérias jornalísticas), que atendam às necessidades estratégicas de seus clientes. Os veículos de comunicação podem ver o assessor de imprensa como um facilitador para o repórter, que recebe não só uma boa idéia, mas também a facilidade na apuração de informações e no levantamento de depoimentos para a redação de sua matéria.

> **Em uma boa relação entre a empresa e a imprensa, jornalistas sabem que podem contar com o assessor quando precisam de fontes que validem suas matérias. E a empresa sabe que jornalistas estão dispostos a atendê-la prontamente quando têm algo relevante a divulgar.**

Entretanto, a assessoria de imprensa também é, acima de tudo, um trabalho de relacionamento permanente, já que funciona como uma via de mão dupla. Em uma boa relação entre a empresa e a imprensa, jornalistas sabem que podem contar com o assessor quando precisam de fontes que validem suas matérias. E a empresa sabe que jornalistas estão dispostos a atendê-la prontamente quando têm algo relevante a divulgar.

Naturalmente, isso não quer dizer que funciona apenas como um toma-lá-dá-cá. Se a notícia é realmente relevante, haverá um lugar para ela nas revistas, nos jornais, programas televisivos e milhares de websites que atualmente dispõem de noticiário em tempo real. Todavia, como em um relacionamento interpessoal ou até comercial entre parceiros, empatia e boas relações só ajudam, nunca atrapalham.

Mas é importante lembrar, também, que algumas empresas têm visibilidade natural. São, por exemplo, companhias que causam forte impacto na economia ou aquelas cujos serviços exercem grande influência na vida da população. Nesse caso, quase tudo que as envolve vira notícia. Outras empresas – pequenas, novas no mercado ou pouco conhecidas em determinado ambiente – têm um pouco mais de dificuldade para chamar a atenção e normalmente ocuparão espaços menores no noticiário.

Isto é, o tamanho da notícia será, em geral, proporcional ao impacto que causa em seu público-alvo. E, logicamente, temas referentes a empresas maiores e mais atuantes na economia ou no dia-a-dia de determinada comunidade tendem a impactá-la mais intensamente. Para deixar um pouco mais claro: quantas empresas que entraram em crise foram tantas vezes destaques de noticiário – em TV, jornal, rádio e revista – quanto a Parmalat[1]?

> **O tamanho da notícia será, em geral, proporcional ao impacto que causa em seu público-alvo.**

O QUE É COLETIVA DE IMPRENSA?

Em linhas gerais, coletiva de imprensa é a entrevista para a qual são convocados jornalistas de vários veículos de comunicação, que farão juntos e alternadamente questionamentos aos porta-vozes (que no meio empresarial normalmente são diretores, vice-presidentes ou presidente da companhia), após algum anúncio importante ter sido feito por estes.

A coletiva de imprensa exige cuidados em relação à sua preparação, que serão discutidos a seguir. Mas seu ponto mais sensível está na relevância do assunto a ser apresentado. Para Duarte (2002)[2]:

> A função das entrevistas coletivas limita-se a casos extraordinários, em que há necessidade de reunir jornalistas de vários veículos, ao mesmo tempo, para passar informações relevantes

---

1. A Parmalat recebeu, no final do ano de 2003 e início de 2004, muita atenção da imprensa em todo o mundo. Com uma dívida de bilhões de dólares, a empresa impactou a vida de produtores, cooperativas e milhares de empregados. Afetou profundamente alguns setores da economia brasileira, para não comentar os reflexos na Itália.
2. Jorge Duarte, "Produtos e serviços de uma assessoria de imprensa", p. 245.

e de interesse público imediato ou, ainda, em casos especiais de lançamentos, assinaturas de contratos ou evento similar. A coletiva também é particularmente útil em situações emergenciais, quando muitos jornalistas procuram a organização ao mesmo tempo.

> **A entrevista coletiva pode funcionar como um excelente mecanismo para a divulgação de assuntos relevantes, mas sua convocação precisa ser bastante criteriosa.**

Assim, a entrevista coletiva pode funcionar como um excelente mecanismo para a divulgação de assuntos relevantes, mas sua convocação precisa ser bastante criteriosa – apenas em situações em que o tema seja realmente de interesse público –, ou ela perde a razão de ser.

Muitas vezes, por aparentemente facilitar o trabalho do assessor ou por total desconhecimento (ou capricho) de executivos que adoram estar cercados por câmeras e microfones, coletivas de imprensa são organizadas sem que haja necessidade para tanto. É o primeiro passo em direção ao insucesso.

Já a entrevista coletiva realizada em circunstâncias apropriadas é realmente um grande facilitador para a empresa que a promove, à medida que:

• Evita o constrangimento com veículos de comunicação e jornalistas, por ter dado a exclusividade da notícia a um concorrente. Explico: veículos de comunicação (jornais, revistas, TV, rádio, websites) disputam a exclusividade e a antecipação de informações, mas, se todos têm a possibilidade de apurar juntos, evita-se esse tipo de conflito.

• Otimiza a agenda de seus porta-vozes. Os diretores ou o presidente da empresa gastarão uma tarde dando entrevistas, porém sem precisar repetir a mesma resposta dez vezes (o que aconteceria se atendessem a um jornalista por vez), nem passar uma semana interrompendo compromissos para atender ao telefone.

• Em geral, consegue garantir bons espaços em muitos veículos (o que acontece se o tema é realmente importante). Se um único jornal dá a notícia com exclusividade, os outros, no dia seguinte, provavelmente não darão tanto destaque ao tema, porque a notícia já não será tão nova. Se todos têm acesso à informação simultaneamente, em geral concederão ao menos algum espaço à notícia em questão.

O PASSO A PASSO DA ORGANIZAÇÃO DE UMA COLETIVA DE IMPRENSA

1º Passo – A identificação dos temas relevantes

Um assessor de imprensa deve estar permanentemente atento a tudo que acontece na organização e, dentre os muitos acontecimentos rotineiros, identificar aqueles que possam interessar ao jornalista como notícia. Isso é premissa do trabalho de assessoria.

Investimentos, fusões, aquisições, melhorias operacionais, novos produtos ou serviços, contratações de executivos, ações sociais e projetos ambientais são alguns dos assuntos que sempre despertam a curiosidade do público – e, conseqüentemente, da imprensa.

Mas nem tudo vira coletiva de imprensa! Como já foi dito, para que haja necessidade de convocação dos jornalistas a uma entrevista coletiva, o tema precisa ser realmente extraordinário. Caso contrário, pode ser divulgado por entrevistas exclusivas ou distribuição de press releases e press kits.

Uma das ocasiões em que a coletiva de imprensa tem relevância é aquela em que os veículos de comunicação sentem necessidade de foto ou imagem – ou seja, situações em que a imagem acrescenta informação à matéria –, como assinatura de contratos, apresentação de executivos, inaugurações e solenidades em geral. Alguns exemplos:

• Em maio de 2002, a Vale do Rio Doce convocou a imprensa para o lançamento da pedra fundamental de seu projeto Sossego e anunciou, na solenidade, um investimento de US$ 2,6 bilhões para a produção de 690 mil toneladas de co-

> Um assessor de imprensa deve estar permanentemente atento a tudo que acontece na organização e, dentre os muitos acontecimentos rotineiros, identificar aqueles que possam interessar ao jornalista como notícia.

bre – o que a colocaria entre as maiores produtoras e exportadoras mundiais nesse setor[3].

• Em janeiro de 2003, a Itaipu Binacional realizou uma coletiva de imprensa para a apresentação de seu novo diretor-geral, Jorge Samek. Na ocasião, Samek aproveitou a presença da imprensa e do presidente da República, Luiz Inácio Lula da Silva, para anunciar as novas metas da hidrelétrica[4].

Utiliza-se muito a coletiva de imprensa nas situações em que o fato a ser comunicado pela empresa possa causar verdadeiro impacto na sociedade, em comunidades locais ou, ainda, em determinado setor.

A coletiva de imprensa é muito utilizada, também, nas situações em que o fato a ser comunicado pela empresa possa causar verdadeiro impacto na sociedade, em comunidades locais ou, ainda, em determinado setor. Isso acontece porque, nesse caso, a notícia interessará a um grande número e variedade de meios de comunicação. Outros casos:

• Em junho de 2003, a Aracruz Celulose anunciou, em coletiva de imprensa, a compra do controle da concorrente Riocell por US$ 610,5 milhões – o que a colocou no posto de maior companhia mundial na produção de todos os tipos de celulose[5].

• Uma entrevista coletiva também foi montada, em outubro de 2003, para divulgar a criação de uma representação regional para a América Latina da International Bar Association (IBA), instituição porta-voz de 2,5 milhões de advogados no mundo todo[6].

A imprensa pode ser convocada para o acompanhamento de situações de crise em que haja necessidade de cobertura de acontecimentos minuto após minuto.

A imprensa pode ser convocada para o acompanhamento de situações de crise em que haja necessidade de cobertura de acontecimentos minuto após minuto. Mais um exemplo:

---

3. "Vale busca liderança em cobre com investimento de US$ 2,6 bilhões", *Valor Econômico*, 3 mai. 2002.
4. "Nova diretoria planeja explorar turismo em Itaipu", *Valor Econômico*, 23 jan. 2003.
5. "Aracruz salta para líder mundial", *Valor Econômico*, 2 jun. 2003.
6. "IBA monta primeira representação no Brasil", *Valor Econômico*, 1º out. 2003.

• Em 15 de março de 2001, a plataforma P-36 da Petrobras explodiu na Bacia de Campos (RJ). Foram dias de cobertura ininterrupta. Muitas explosões, dez mortes, o afundamento da plataforma e o perigo de um vazamento de óleo. Dezenas de veículos de comunicação mandaram suas equipes para Campos, onde a empresa regularmente concedia entrevistas coletivas para dar novas informações. Os principais jornais do país lançaram especiais em suas páginas da internet para que seus leitores pudessem acompanhar em tempo real os acontecimentos.

E, por fim, grandes empresas recorrem às coletivas de imprensa para anunciar seus resultados (trimestrais, semestrais ou anuais). É o caso de GlaxoSmithKline, Bradesco, McDonald's, Varig, Escelsa, IBM, Coca-Cola e uma infinidade de outras companhias.

• Em abril de 2004, o Sendas – maior grupo de supermercados do Rio de Janeiro – reuniu a imprensa para anunciar seu resultado de 2003, mesmo sendo um prejuízo de R$ 163 milhões. Na ocasião, a empresa aproveitou para justificar as razões da perda e comentar suas expectativas para o novo ano[7].

É importante ressaltar, ainda, que assuntos relacionados à política, aos esportes e à cultura (em especial ao *show business*) são freqüentemente anunciados em coletivas de imprensa. Mas nosso objetivo, neste artigo, é tratar apenas da assessoria de imprensa no meio corporativo.

2º Passo – O mailing list e os convidados para a coletiva

Se o tema é realmente capaz de sustentar uma coletiva de imprensa, é necessário fazer um levantamento dos jor-

---

7. "Sendas fecha com prejuízo de R$ 163 mi", *Valor Econômico*, 6 jun. 2004.

nalistas (repórteres ou editores) que precisam ser convidados. O assessor de imprensa pesquisa então em seu mailing list aqueles veículos e jornalistas que podem ter interesse no assunto a ser divulgado e faz uma espécie de lista de convidados.

O mailing list nada mais é do que uma ferramenta que facilita a organização do assessor em sua comunicação com o jornalista, permitindo o direcionamento da mensagem à pessoa certa e um controle de quem já foi convidado (no caso da organização da coletiva de imprensa).

Trata-se de um grande catálogo de contatos – endereços, telefones, e-mails – de veículos e jornalistas que se interessam pelos negócios da empresa e se interessariam pelo tema a ser anunciado. Alguns assessores de imprensa, nesse "catálogo de contatos", aproveitam para anotar quem já foi contatado e quem já confirmou, ou não, o interesse pelo assunto em questão.

> **Para a correta elaboração de um mailing list, é muito importante que o assessor de imprensa conheça os veículos de comunicação e seja bastante criterioso.**

Para a correta elaboração de um mailing list, é muito importante que o assessor de imprensa conheça os veículos de comunicação e seja bastante criterioso. Mas para escolher quem será convocado para sua coletiva precisa ser ainda mais! É necessário que estejam presentes no evento aqueles repórteres, editores ou subeditores que realmente conheçam e cubram o setor ou o tema a ser divulgado.

> **É necessário que estejam presentes no evento aqueles repórteres, editores ou subeditores que realmente conheçam e cobrem o setor ou o tema a ser divulgado.**

Aproveitemos o exemplo da Aracruz Celulose, citado anteriormente, para comentar um pouco mais essa seleção de mailing. Um exemplo prático:

• A editoria de negócios é a maior interessada em noticiar um investimento que causa impacto em todo o setor de celulose. Atualmente, os principais jornais das maiores cidades dispõem de uma editoria especializada em "negócios". É o caso do *Correio Braziliense* (DF), da *Gazeta do Povo* (PR) e do *Jornal do Brasil* (RJ), por exemplo.

• Contudo, há veículos mais regionais ou com focos menos específicos que não têm uma equipe especializada em "negócios" – o que levaria o assessor a recorrer àqueles que cobrem "economia". É o caso de *A Tribuna* (ES), do *Correio do Povo* (RS) e do *Correio da Bahia* (BA), entre outros.

• Há também aqueles veículos tão focados em negócios que neles seria necessário buscar os jornalistas especializados no setor de celulose! No Brasil, é o caso específico da *Gazeta Mercantil* e do *Valor Econômico*, jornais voltados quase que exclusivamente para assuntos relacionados à economia.

• E existem, ainda, aqueles jornais bastante pequenos, que elaboram seus editoriais muito em função das grandes empresas da região (em que trabalha a maior parte da população local). No caso do Espírito Santo, em que há um importante complexo industrial da Aracruz Celulose, um exemplo desses veículos de menor circulação é a *Folha do Litoral*, uma publicação semanal. Nesses casos, eventualmente cabe o convite ao diretor do jornal, que muitas vezes conduz ele mesmo o jornalismo.

• Na maioria das emissoras de TV, o assessor de imprensa deve buscar pelo pauteiro do jornalismo. Entrar em contato com apresentadores e âncoras é, além de difícil, quase inútil. Geralmente, eles recebem um roteiro elaborado pela equipe de pauta – aqueles jornalistas que avaliam todo o material recebido pela emissora e todos os fatos de que têm conhecimento, e avaliam o que entra ou não no telejornal.

• O assessor de imprensa pode convocar, ainda, radialistas cujos programas têm espaço para notícias, revistas diversas (de negócios, especializadas e de generalidades) e as agências de notícias – que distribuem informações entre uma infinidade de outros veículos, inclusive no exterior (como é o caso da Agência Brasil, Estado, Reuters, EFE e Dow Jones).

Atualmente, várias empresas propõem-se a fazer, principalmente pela internet, o chamado "levantamento de mídia". Essas empresas possuem um vasto cadastro dos veículos de comunicação e suas equipes, que é atualizado permanentemente e possibilita (por meio de sistemas de busca) a realização de pesquisas diversas. Ajuda bastante durante a busca de contatos, mas não anula a importância da pesquisa crítica, que o assessor de imprensa pode fazer lendo as publicações e assistindo aos programas, e do contato pessoal com profissionais de imprensa.

3º Passo – O local: providências que antecedem a coletiva de imprensa

Se a coletiva em questão visar a uma inauguração ou a qualquer tipo de solenidade, ela deve ser realizada no próprio local, a fim de que os jornalistas possam conhecê-lo e produzir eventuais fotos.

Uma vez acertado que a coletiva será realizada porque há relevância para isso, e depois de definido um número aproximado de jornalistas a serem convidados, cabe ao assessor de imprensa a escolha do local e sua arrumação.

Se a coletiva em questão visar a uma inauguração ou a qualquer tipo de solenidade, ela deve ser realizada no próprio local, a fim de que os jornalistas possam conhecê-lo e produzir eventuais fotos.

Em caso de coletiva, é muito importante que o espaço escolhido seja de fácil acesso para o maior número possível de jornalistas.

Em casos de apresentações ou anúncios diversos, a coletiva de imprensa pode ser realizada na própria empresa (desde que haja local apropriado para isso), em um auditório externo, hotel ou até restaurante (esse caso, menos recomendado, é utilizado algumas vezes para coletivas seguidas de confraternização, em restaurantes com salão privado). Em qualquer situação, é muito importante que o espaço escolhido seja de fácil acesso para o maior número possível de jornalistas.

Não esquecer o básico!

Dentro ou fora da empresa, o salão ou auditório escolhido deve estar preparado para receber o evento e seus convidados. Água, café e cadeiras para a imprensa são fundamentais. Para os porta-vozes, identificação (prisma de mesa[8] com o nome corretamente escrito e legível), uma mesa, cadeiras e água são os itens indispensáveis.

---

8. Prisma de mesa, neste caso, é uma pequena base – de acrílico, plástico, madeira ou até papel – em que se possa escrever ou colar o nome (legível e visível) do porta-voz em questão.

O material de apoio (microfones, *flip charts*, projetores, vídeos etc.) deve ser suficiente para garantir o conforto e o sucesso da apresentação dos porta-vozes. Atrás da mesa deles, a assessoria de imprensa pode montar um painel ou banners da empresa, que valorizem eventuais fotos e gravações de TV. Deve-se assegurar que o ambiente esteja coerente com a imagem que se pretende transmitir.

E como arrumar a sala?

Quatro estilos de arrumação podem ser utilizados para a coletiva de imprensa:

Quatro estilos de arrumação podem ser utilizados para a coletiva de imprensa.

• Estilo auditório: consiste na disposição de uma mesa diretora central à frente de cadeiras enfileiradas (na horizontal e na vertical). Não é muito indicado por organizadores de eventos no caso de coletivas de imprensa, pois dificulta o trabalho do jornalista uma vez que não oferece mesa como apoio para anotações. No entanto, é muito utilizado.

• Estilo escolar: nesse formato, as cadeiras dispostas à frente da mesa diretora são acompanhadas por mesas ou pranchas. Como o nome diz, reproduz uma sala de aula. Esse estilo reduz em cerca de 40% o número de participantes em relação ao estilo auditório.

• Estilo espinha de peixe: semelhante ao estilo escolar, as cadeiras também são acompanhadas por mesas. Entretanto, elas são dispostas de forma diagonal, com um espaço central em forma de corredor.

• Estilo U: mais utilizado em convenções e treinamentos; nesse estilo as cadeiras são dispostas em torno de uma mesa, arrumada em formato de U. Permite a integração entre participantes e a igualdade de participação. Todavia, restringe a capacidade de espaço em até 60% em relação ao estilo auditório e não é aconselhável para eventos com mais de trinta participantes. Em caso de eventos com a imprensa, é mais recomendado para momentos nos quais há caráter de confraternização, visto que o formato estimula a integração entre participantes.

Estilo auditório:

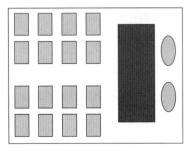

Estilo escolar:

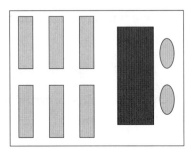

Estilo espinha de peixe:

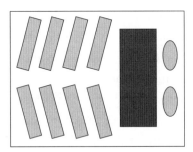

Estilo U:

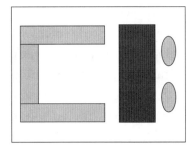

Elaborado com base em informações da apostila: Gilda Fleury Meirelles, *Técnicas de organização de eventos* (2002).

> Quando se trata de evento demorado, aconselha-se a montagem de uma sala de imprensa, com computadores, telefones e aparelhos de fax, para que os repórteres possam enviar informação às redações em tempo real.

Outros detalhes a considerar

Em alguns casos, especialmente quando se trata de evento demorado, crise ou quando o local da coletiva é distante das sedes dos veículos de comunicação, aconselha-se a montagem de uma sala de imprensa, com computadores, telefones e aparelhos de fax, para que os repórteres possam enviar informação às redações em tempo real.

Outro fator de extrema relevância é o horário da coletiva, que precisa ser compatível com o horário de funcionamento das redações. No fim da tarde, as redações estão tumultuadas com o fechamento das edições do dia seguinte e muito raramente os repórteres deixam seus postos. Igualmente, como a maioria fica até bem tarde nas redações, os primeiros horários da manhã são inadequados. Grande parte das coletivas de imprensa é realizada em torno de 10 horas da manhã (e podem ser antecedidas ou seguidas de café da manhã ou *brunch*[9]) ou no início da tarde.

O assessor de imprensa também deve, na medida do possível, certificar-se de que não há outro evento de igual importância marcado para o mesmo dia e horário. Isso pode ocasionar esvaziamento da coletiva.

4º Passo – O convite: como convocar a imprensa

Passar a informação ao jornalista da maneira correta é tão importante quanto identificar os assuntos que possam interessar a ele. O jornalista recebe dezenas de informações por dia e, em muitas delas, dá apenas uma olhada.

As convocações para entrevistas coletivas costumam ser feitas pelas assessorias de imprensa, por meio de um texto denominado "aviso de pauta" que, enviado por escrito (por fax ou e-mail), convida o jornalista para o evento.

O aviso de pauta serve para convidar o jornalista a participar de anúncios de decisões relevantes, inaugurações, visitas, lançamentos de produtos, coletivas etc. Seu texto deve deixar claro, em um ou dois parágrafos, do que se trata, quando, onde, eventuais credenciamentos, a importância da coletiva e quem estará presente (no caso, quem serão os porta-vozes). Alguns exemplos[10]:

> Passar a informação ao jornalista da maneira correta é tão importante quanto identificar os assuntos que possam interessar a ele. O jornalista recebe dezenas de informações por dia e, em muitas delas, dá apenas uma olhada.

---

9. *Brunch* é um evento importado dos Estados Unidos, intermediário entre café da manhã e almoço. Em serviço tipo *buffet*, devem ser servidos pães, biscoitos, frutas, queijos, frios, ovos, geléias, café, chás, leite etc., além de um ou dois pratos quentes e sobremesas.
10. Todos os dados são fictícios.

EMPRESA Y APRESENTA RESULTADOS
DO 1º TRIMESTRE DE 2004

O presidente da Empresa Y, Fulano de Tal, tem o prazer de convidá-lo para a coletiva de imprensa que será realizada na próxima terça-feira (27/04), às 10h30, na sede da companhia.

Na oportunidade, Fulano de Tal apresentará e comentará os resultados do 1º trimestre de 2004.

Coletiva de imprensa – EMPRESA Y

Data: 27 de abril de 2004
Hora: 10h30
Local: Sede Y - Auditório (endereço)

Para confirmação de presença, favor responder para o e-mail assessoriadeimprensa@empresay.com.br com seu nome e sua empresa

---

EMPRESA X ANUNCIA PARCERIA COM EMPRESA Z

A Empresa X convida-o para a apresentação da parceria estratégica a ser estabelecida com a Empresa Z, segundo maior fabricante de cosméticos do mundo. O evento acontece na próxima terça-feira, dia 27 de abril, às 15h, no Auditório do Expo Center Norte.

Executivos das duas companhias anunciarão os termos da parceria e apresentarão detalhes sobre a atuação da empresa norte-americana no mercado brasileiro.

ANOTE:
Anúncio da parceria entre as Empresas X e Z
Terça-feira, dia 27 de abril, às 15h
Local: Expo Center Norte
Rua José Bernardo Pinto, 333 – Vila Guilherme – São Paulo/SP

R.S.V.P. – Confirme sua presença pelo e-mail:
empresax@bal.com.br

Depois de enviado o aviso de pauta, o assessor de imprensa deve fazer o *follow up*. Trata-se do contato a ser estabelecido, normalmente por telefone, com cada um dos jornalistas que receberam o aviso de pauta, a fim de confirmar o recebimento, reforçar a relevância do evento e, se possível, confirmar a presença do veículo de comunicação na coletiva.

5º Passo – O press kit: material a ser distribuído

Em toda coletiva de imprensa deve estar disponível para os jornalistas um press kit ou, no mínimo, um press release que resuma aquilo que será anunciado e apresente a grafia correta do nome e cargo do porta-voz.

Esse material deve ser distribuído antes do início da coletiva, de maneira que o repórter possa identificar as informações de que já dispõe e avaliar o que ainda precisa apurar com os porta-vozes.

O **press release** é um texto preparado pelo assessor de imprensa, com base em informações obtidas com as fontes credenciadas da empresa. O lide, parágrafo inicial, deve conter as informações mais importantes (o quê, quando, onde, por quê, quem, quanto etc.). No press release a ser distribuído durante uma coletiva de imprensa, não são necessários muitos detalhes ou depoimento do porta-voz. Essas informações, porém, devem ser incluídas depois do evento, para distribuição aos jornalistas que não estiverem presentes (discutiremos isso no 8º passo). De qualquer maneira, a reprodução de números, gráficos e tabelas apresentados pelo porta-voz durante a coletiva pode agregar grande valor ao conteúdo do texto e facilitar consideravelmente o trabalho do jornalista. Além disso, essa reprodução de dados mais complexos pode minimizar erros.

O **press kit**, por sua vez, é um material mais completo sobre a empresa ou o evento em questão, preparado pela assessoria de imprensa para a consulta do jornalista. Geralmente, é montado em uma pasta e inclui press release, fotos

> **Depois de enviado o aviso de pauta, o assessor de imprensa deve fazer o *follow up* a fim de confirmar o recebimento, reforçar a relevância do evento e, se possível, confirmar a presença do veículo de comunicação na coletiva.**

> **Em toda coletiva de imprensa deve estar disponível para os jornalistas um press kit ou, no mínimo, um press release que resuma aquilo que será anunciado e apresente a grafia correta do nome e cargo do porta-voz.**

jornalísticas (em papel, CD ou cromo[11]), amostras de produtos, folders e o que mais puder acrescentar informação.

6º Passo – O porta-voz: identificação e treinamento

Durante uma coletiva de imprensa, cabe ao porta-voz apresentar o que se pretende divulgar e também, posteriormente, responder às perguntas dos jornalistas.

Porta-vozes são os executivos ou funcionários que têm delegação da diretoria para falar em nome da empresa. Todo porta-voz deve dominar as informações necessárias à colaboração com uma reportagem e usar tal conhecimento para conduzir a entrevista. Durante uma coletiva de imprensa, cabe ao porta-voz apresentar o que se pretende divulgar e também, posteriormente, responder às perguntas dos jornalistas.

A empresa pode ter vários porta-vozes que falem sobre suas respectivas áreas, ou, ainda, um único porta-voz – o presidente da companhia ou, por exemplo, alguém da área de comunicação (um diretor ou o assessor de imprensa). Em uma coletiva de imprensa para a divulgação de resultados anuais, por exemplo, é comum o presidente da empresa fazer um pronunciamento e, em seguida, o diretor financeiro apresentar e comentar os números do balanço.

O assessor de imprensa pode, em muitas ocasiões, falar pela empresa. Isso é muito comum quando se trata de temas de rotina e comunicados oficiais da companhia. Um exemplo são os assessores de rodoviárias e aeroportos, que diversas vezes são convidados por telejornais e pela imprensa escrita a comentar a movimentação em grandes feriados. Mas, para a divulgação de informações relevantes – condição número um da coletiva de imprensa –, são os principais executivos que devem representar a companhia e atender o jornalista.

Em qualquer situação, entretanto, é fundamental assegurar sempre a manutenção de um discurso único na empre-

---

11. Cromo é o filme fotográfico com as cores positivas, que serve para ser projetado ou para fins gráficos. Diferente do negativo, que tem as cores invertidas e serve para ser transposto ao papel fotográfico (revelação de fotos). O fotógrafo deve ser avisado pelo cliente antecipadamente, se ele tem interesse por cromos, visto que o material a ser utilizado é diferente.

sa e a divulgação de informações de interesse corporativo. Toda essa sintonia exige treinamento, e é esse treinamento que chamamos de media training. Grande parte do sucesso de uma entrevista está na preparação do porta-voz.

> Toda sintonia exige treinamento, e é este treinamento que chamamos de media training. Grande parte do sucesso de uma entrevista está na preparação do porta-voz.

7º Passo – O que fazer durante a coletiva de imprensa

Em primeiro lugar, é muito importante que haja uma estrutura para recepção e credenciamento dos jornalistas no local da coletiva. Essa é a maneira mais fácil de o assessor controlar quais os veículos de comunicação presentes e de atendê-los da forma mais apropriada.

O credenciamento pode ser feito pelo assessor de imprensa ou por recepcionistas, que devem entregar a cada convidado uma identificação (pode ser um crachá com nome e veículo que representam) e o material de apoio (press kits ou releases). Contudo, ainda que disponha de recepcionistas para atender os convidados, o assessor deve se manter nas proximidades e, na medida do possível, cumprimentar cada um dos jornalistas pessoalmente.

O momento de início do evento precisa ser determinado com bom senso. Afinal, é desagradável começar a coletiva com um pequeno número de jornalistas, mas também não convém deixar os que chegaram na hora esperando muito tempo.

A abertura da coletiva geralmente é feita pelo assessor de imprensa, que explica como ela será realizada: a seqüência das apresentações, o tempo destinado às perguntas e o modo como elas serão feitas. Em seguida, o assessor apresenta as fontes (ou porta-vozes). A coletiva segue com as apresentações, a fase das perguntas e o encerramento.

Em certas circunstâncias, depois do encerramento da coletiva de imprensa, alguns jornalistas (normalmente mais especializados ou com foco diferente dos demais) solicitam entrevistas individuais. A possibilidade ou não dessas entrevistas deve ser discutida antecipadamente entre assessor e porta-vozes.

| COLETIVA DE IMPRENSA: QUANDO E COMO? |

8º Passo – O que fazer depois da coletiva de imprensa

O assessor de imprensa pode verificar com os jornalistas presentes se eles necessitam de alguma informação que não foi passada pelos porta-vozes ou de algum dado sobre a empresa que não constava no press kit. Havendo demanda, o assessor de imprensa deve encaminhar as informações solicitadas tão logo seja possível.

Com a maior brevidade, também precisa complementar o press release distribuído durante a coletiva com as informações apresentadas e as aspas (depoimentos curtos que valorizem o texto) dos porta-vozes. Esse novo press release deve ser encaminhado aos jornalistas que não puderam comparecer ao evento, mas escrevem sobre o setor em questão ou sobre notícias da mesma natureza.

Depois do envio do press release, é recomendável que o assessor entre em contato com esses jornalistas que não estiveram no evento para se certificar de que receberam o novo release e para oferecer material adicional (fotos, gráficos, publicações) distribuído ou divulgado durante a coletiva.

Por fim, cabe ao assessor de imprensa acompanhar e mensurar os resultados pelo acompanhamento e leitura dos veículos de comunicação. Tanto daqueles representados na coletiva quanto dos demais.

Nos dias de hoje, com a internet e as agências de notícias, a informação é capaz de repercutir em todo um país e em muitos lugares do mundo. Para ajudar nessa pesquisa, o assessor de imprensa pode contratar um serviço de clipping (serviço de pesquisa, coleta e fornecimento de notícias veiculadas por um ou diversos meios de comunicação: imprensa escrita, rádio, TV e internet).

> É recomendável que o assessor entre em contato com os jornalistas que não estiveram no evento para oferecer material adicional distribuído ou divulgado durante a coletiva.

CONSIDERAÇÕES FINAIS

A organização de uma entrevista coletiva é função do profissional de assessoria de imprensa que, graduado em comunicação social, é preparado – e, portanto, qualificado – ainda na faculdade para adotar a abordagem e a comunicação mais adequadas no relacionamento com profissionais do jornalismo.

Se a empresa não tem estrutura ou receita para absorver um assessor de imprensa dentro de seu quadro de funcionários, pode recorrer às consultorias que prestam, entre outros serviços de comunicação, assessoria no relacionamento com a imprensa.

Esse é um mercado que vem crescendo a cada dia. Dados da Associação Brasileira das Agências de Comunicação (Abracom) indicam que existem no Brasil atualmente mais de mil consultorias de comunicação – 60% delas em São Paulo e 10% no Rio de Janeiro. Há empresas de todos os tamanhos, capazes de oferecer serviços e orçamentos adequados a qualquer tipo de demanda. Atendem desde pequenas cafeterias às grandes empresas multinacionais (muitas vezes até em alinhamento com empresas internacionais).

Nos dias atuais, em que a notícia é cada vez mais rápida e importante no cenário mundial, o posicionamento diante da imprensa ganha ainda mais relevância. Por isso, precisa ser cada vez mais bem-feito.

> Nos dias atuais, em que a notícia é cada vez mais rápida e importante no cenário mundial, o posicionamento diante da imprensa ganha ainda mais relevância.

REFERÊNCIAS BIBLIOGRÁFICAS

CRUZ, Luiza. "Pensamentos prático-teóricos sobre um tema pragmático: a assessoria de imprensa e seu dia-a-dia". In: FREITAS, Ricardo; SANTOS, Luciane Lucas dos (orgs.). *Desafios contemporâneos em comunicação*. 1. ed. São Paulo: Summus, 2002.

DIAS, Vera. *Como virar notícia e não se arrepender no dia seguinte*. Rio de Janeiro: Objetiva, 1994.

DOTY, Dorothy. *Divulgação jornalística e relações públicas*. São Paulo: Cultura Editores Associados, 1995.

DUARTE, Jorge. "Produtos e serviços de uma assessoria de imprensa". In: DUARTE, Jorge (org.). *Assessoria de imprensa e relacionamento com a mídia*. São Paulo: Atlas, 2002.

FORNI, João José. "Comunicação em tempo de crise". In: DUARTE, Jorge (org.). *Assessoria de imprensa e relacionamento com a mídia*. São Paulo: Atlas, 2002.

KOPPLIN, Elisa; FERRARETTO, Luiz. *Assessoria de imprensa: teoria e prática*. Porto Alegre: Sagra, 1993.

LUKOWER, Ana. *Cerimonial de protocolo*. São Paulo: Contexto, 2003.

MEIRELLES, Gilda Fleury. *Técnicas de organização de eventos*. São Paulo: Aberje, 2002. (Apostila)

MATÉRIAS DE JORNAIS E REVISTAS:

"Aracruz salta para líder mundial". *Valor Econômico*, São Paulo, 2 jun. 2003.

"IBA monta primeira representação no Brasil". *Valor Econômico*, São Paulo, 1º out. 2003.

"Nova diretoria planeja explorar turismo em Itaipu". *Valor Econômico*, São Paulo, 23 jan. 2003.

"Sendas fecha com prejuízo de R$ 163 mi". *Valor Econômico*, São Paulo, 6 jun. 2004.

"Vale busca liderança em cobre com investimento de US$ 2,6 bilhões". *Valor Econômico*, São Paulo, 3 mai. 2002.

SITES CONSULTADOS:

jbonline.terra.com.br/destaques/plataforma/plat1.html
www.maxpress.com.br
www.comunique-se.com.br
www.abracom.org.br

◆ · ◆ · ◆

A AUTORA

Renata Utchitel é formada em Relações Públicas pela Uerj, com pós-graduação em Comunicação Empresarial pela Unesa, MBA em Marketing pelo Ibmec e mestrado em Administração de Empresas pelo Instituto Coppead/UFRJ. Foi assessora de imprensa e coordenadora de análise de mídia na SPS Comunicação e coordenadora de relações externas e institucionais da Repsol YPF Brasil.

E-mail: renata.utchitel@gmail.com

7

A presença do executivo no vídeo: o que a tela da TV conta e você não vê

BEATRIZ THIELMANN

A empresa moderna tem identidade.

Tem a fisionomia daquele que fala por ela.

Tem o tom da voz de quem divulga seus produtos, serviços e idéias.

A comunicação de corpo inteiro, hoje, está entre as principais estratégias das grandes companhias.

Para poder chegar perto de consumidores e usuários de forma ampla, é imprescindível uma aliança com os meios de comunicação de massa. E a grande estrela desses veículos é a televisão.

Na maioria dos casos, a imagem das grandes empresas ante a população é aquela que aparece na tela da TV.

E como construir e manter uma identidade que transmita confiança e credibilidade?

Quem fala pela empresa?

O que é ser porta-voz na televisão?

O que a TV revela e a gente não vê?

Estar nas telas das TVs e falar para milhões de telespectadores das novidades empresariais, assim como comentar um fato econômico ou ainda participar de um debate em rede nacional, pode contar muitos pontos positivos para o sucesso da empresa e o crescimento profissional do executivo. Os poderes da chamada "telinha" são evidentes; prova disso são os desacertos que podem causar, se não receberem a atenção devida.

Falar para a televisão significa trazer à tona mais do que informação, uma vez que, no vídeo, o que se divulga é a identidade da empresa, representada na fisionomia de quem é a voz empresarial. Não é sem razão o surgimento da expressão "porta-voz". Função essa que, vinte anos atrás, no Brasil, era mais apropriada aos órgãos públicos e aos poderes Legislativo, Executivo e Judiciário. Época em que, no setor privado, só o presidente ou os diretores respondiam pela empresa.

Tempo vencido.

Hoje, toda grande empresa tem vários porta-vozes. Cada um deles respondendo pela identidade de determinados setores, sejam eles industriais, comerciais ou de serviços. E é a tela da TV que, em geral, responde por tamanha exigência. São sons e movimentos via satélite vencendo divisas, rompendo barreiras e levando a informação mundo afora em instantes. Em tempos de globalização, não há como silenciar ou se distanciar perante a repercussão de certos fatos. Atualmente, mais do que nunca, a comunicação empresarial é o diferencial do mundo dos negócios.

A COMUNICAÇÃO VIA SATÉLITE

Nunca pense que estando numa cidade pequena a informação ficará limitada às redondezas. Não existe limite para a aldeia global.

É fato: não há limite para a aldeia global. As informações contidas em uma entrevista concedida a um canal de TV, uma emissora de rádio ou a um jornal local, em um pequeno município – distante milhares de quilômetros da sede da empresa –, poderá estar, dentro de alguns minutos, circulando nos principais meios de comunicação do país e até do exterior.

Não é possível pensar que a informação ficará restrita ao município ou capital onde foi divulgada. O mesmo repórter, autor da entrevista, pode enviar a matéria para outros veículos, imediatamente.

Hoje, os jornalistas de rádio, TV e jornal, fora dos grandes centros, são fornecedores de informação para as maiores redes de televisão. Não se esqueça de que as TVs dos canais abertos e por assinatura nem sempre precisam da imagem do entrevistado para divulgar a informação. O *audio tape* – técnica utilizada pelas televisões para agilizar a divulgação de fatos, mostrando somente a foto do repórter ao telefone e as vozes do entrevistador e do entrevistado – é um recurso cada vez mais empregado por todas as redes brasileiras e internacionais.

Os telefones celulares, com sinais cada vez mais amplos, são perfeitos nessa parceria; por isso, nunca é demais lembrar da atenção necessária ao se conceder uma entrevista pelo telefone. Comumente, os executivos não dão a devida importância às entrevistas quando o repórter só tem à mão um pequeno celular. Pois é por meio deste aparelho que a informação deixará de ficar limitada às redondezas. Portanto, não desconsidere a imprensa local nem o fato de estar sendo entrevistado pelo telefone.

O ENTREVISTADO E A TELA DA TV

"Falar para a televisão é se comunicar com o corpo inteiro", como bem diz a fonoaudióloga Glorinha Beuttenmuller[1]. Por isso, é importante ter sempre em mente alguns cuidados que evitam aparições malsucedidas e, até mesmo, a recusa sistemática de muitos executivos em dar entrevistas à televisão. Com freqüência, o simples fato de estar diante de um repórter de TV já representa uma ameaça para muitos experientes executivos.

> Com freqüência, o simples fato de estar diante de um repórter de TV já representa uma ameaça para muitos experientes executivos.

1. Glorinha Beuttenmuller é criadora do Método Espaço-Direcional – Voz e Fala e autora dos livros *Expressão vocal e expressão corporal*, *Das linhas do rosto às letras do alfabeto*, *O despertar da comunicação vocal* e *O que é ser*.

Vale a pena relembrar um fato acontecido em Brasília, envolvendo um grande empresário, profissional de talentosa carreira, presidente de uma estatal.

A equipe de gravação chegou para a entrevista com o executivo na hora marcada pela assessoria de comunicação. As informações fornecidas por ele seriam o que os jornalistas chamam de "a matéria do dia", aquela de maior impacto e que, naquela noite, abriria o *Jornal Nacional*, da Rede Globo de Televisão. O escritório ficava num luxuoso prédio no Setor Comercial Sul da capital, inteiramente ocupado pela empresa comandada pelo executivo. Numa mesa grande, de reuniões, apenas duas cadeiras, dispostas lado a lado: a do entrevistado e a do entrevistador.

Tudo pronto para o início da gravação da entrevista, quando o inesperado aconteceu: o executivo começou a suar. Ficou impaciente e, de súbito, levantou-se, arrastando com ele o fio do microfone de lapela que o ligava à mesa de som. A rapidez dos movimentos foi tal que o técnico de som da equipe de gravação precisou se curvar sobre a mesa para impedir que um estrago maior ocorresse. Ao ser perguntado sobre o que estava acontecendo, disse que tinha se esquecido de algo importante e precisava se ausentar da sala por alguns minutos.

Toda a equipe esperou.

Veio o primeiro café, o segundo... e nada.

O repórter foi chamado pela secretária executiva. Ela pediu que esperasse uns segundos, ali, na ante-sala do chefe e avisou que, dentro de pouco tempo, o executivo falaria com ele em particular.

Esperou. Continuou intrigado.

Ao ser pautado pela redação para entrevistar tal executivo, o jornalista separou quase uma hora a fim de se preparar, antes de deixar a sede da televisão. O requinte profissional do entrevistado daquele dia exigia um conhecimento mais aprofundado sobre o que a imprensa já publicara sobre ele. De posse da pesquisa fornecida pelo Centro de Documentação (Cedoc) da TV Globo , ele seguiu para o escritório do executivo.

Preparado, sim. Na expectativa, também. Afinal, estava em suas mãos a principal matéria do dia e a reação do entrevistado tinha sido uma desagradável surpresa.

Quase meia hora depois, a porta da sala privativa se abriu e, postado rente ao portal, lá estava ele. O entrevistado. Sem paletó. Na camisa, com monograma finamente bordado, várias riscas de um suor quase impossível de ser disfarçado.

Pediu ao repórter que entrasse.

Diante do visível desconforto do entrevistado, o repórter se antecipou:

— O senhor acha melhor eu voltar um pouco mais tarde, ou aguardar um tempo maior? Posso fazer outras gravações e voltar daqui a uma ou duas horas...

Ele interrompe o repórter e diz o que nenhum jornalista quer ouvir em momentos assim, em cima do deadline, seu prazo final para entregar a matéria:

— Hoje, não. Está impossível dar essa entrevista.

— Mas o senhor me entende. Preciso fazer a matéria. Suas informações são fundamentais para a consistência da minha reportagem.

— Sinto muito. Mas hoje não posso.

Imediatamente ele pegou o telefone. Pediu à secretária que chamasse seu principal assessor. Mal ele chegou à sala onde estavam, o chefe determinou:

— Dê a ele todas as informações necessárias para uma matéria que está fazendo para o *Jornal Nacional*. — E completou, olhando para o repórter: — Você terá todos os subsídios necessários, menos a entrevista gravada.

O jornalista saiu daquele imponente prédio, todo ocupado pela instituição, achando que aquele jovem senhor tinha passado por algum tipo de constrangimento enquanto conversavam. Difícil entender. Primeiro porque, na véspera, a equipe de produção de jornalismo da televisão havia procurado a assessoria de imprensa da instituição e ele próprio dera o sinal verde para a realização da entrevista. Segundo, já estavam sentados e com quase todos os equipamentos ajustados para o início da gravação.

O desconforto foi recíproco. Ficar sem a entrevista já programada para o telejornal do dia foi decepcionante para o repórter e para os editores, e certamente a indicação do nome do executivo seria evitada ao máximo nas próximas matérias. Com o passar do tempo, a constatação: tal empresário não aparecia mais na imprensa. Muito menos na TV. Quando a matéria envolvia a instituição presidida por ele, ou ninguém falava pela estatal ou era divulgada uma nota oficial.

Tantas negativas em ser o porta-voz da empresa significaram a perda do cargo. O executivo foi convidado a trocar a presidência da estatal por um cargo no conselho administrativo de uma agência reguladora. Em seu lugar, entrou um empresário igualmente competente, mas diferente em um ponto: não só recebia, como sabia se expressar bem nos encontros com jornalistas.

Anos mais tarde, em um encontro informal, no Rio de Janeiro, esse executivo confidenciou ao jornalista que já tinha passado por várias tentativas de falar para a televisão sem conseguir vencer o pânico de estar diante de repórteres, câmeras, luzes e microfones.

Felizmente, o correr do tempo e o treinamento adequado mostraram que ainda era possível mudar. E, como os negócios não param, o entrevistado assustado de tempos atrás assumiu um importante cargo, o de presidente para a América Latina, em um dos mais destacados grupos empresariais americanos.

O TEMPO DA TELEVISÃO

O repórter está sempre com pressa. O tempo de produção de uma matéria é nervoso, já que os fatos não marcam dia nem hora para acontecer. A repercussão tem de ser imediata. Mas, se é de suma importância que o executivo, na hora da entrevista, receba o jornalista o mais rápido possível, também é fundamental que ele não se deixe influenciar pelo nervosismo e pressa do repórter. O porta-voz é o dono da informação, e o repórter de TV sempre precisa do anúncio ou do comentário da notícia gravados na voz da fonte.

A tranqüilidade é fundamental nesse momento; ajudará não só a quem responde como a quem pergunta. É importante saber que o repórter trabalha sob a pressão do tempo. E, na TV, a contagem é por segundos. Assim, se o tempo de uma matéria está previsto para 45 segundos, ela não pode ter 50 segundos. O tempo médio de uma matéria no *Jornal Nacional*, da Rede Globo de Televisão, é de 1 minuto e 10-15 segundos. Tempo que inclui texto do repórter em off e ao vivo e as entrevistas. Cada matéria pode ter até três, ou mais, entrevistados. Mas esta é uma preocupação dos jornalistas responsáveis pelas matérias – repórter e editores. Ao porta-voz cabe ser claro, direto e objetivo em todas as respostas. Ao responder sem rodeios ao que foi perguntado, o executivo reduzirá, e muito, a possibilidade de não ser bem editado e aproveitará ao máximo o tempo de exposição durante a exibição da matéria. É bom lembrar-se sempre de que falar bem não significa falar muito.

> O tempo médio de uma matéria no *Jornal Nacional*, da Rede Globo de Televisão, é de 1 minuto e 10-15 segundos. Mas esta é uma preocupação dos jornalistas responsáveis pelas matérias.

COMO FALAR PARA A TELEVISÃO?

Uma vez perguntaram ao escritor Carlos Drummond de Andrade em que consistia a arte de escrever. Ele, do alto de sua sabedoria, respondeu: "A arte de escrever é a arte de cortar palavras". Falar para a televisão também é assim. Quanto menos palavras para exprimir uma idéia, melhor.

Vários executivos confundem a linguagem de uma entrevista para um grande meio de comunicação, como a TV, com palestras para especialistas, seminários para parceiros de negócio, discursos para PHDs em "economês" ou com abuso de "anglicismos". A maioria das pessoas que assiste à TV não faz parte de grupos empresariais, portanto não tem intimidade com certos termos.

Falar para a TV é contar um fato. Divulgar uma idéia. Mostrar como se comporta a empresa. É responder essencialmente ao que foi perguntado, com palavras simples e de fácil compreensão.

> Falar para a televisão é contar um fato. Divulgar uma idéia. Mostrar como se comporta a empresa. É responder essencialmente ao que foi perguntado, com palavras simples e de fácil compreensão.

Ao se alongar numa resposta, a possibilidade de perder o fio da meada, de não saber mais o que foi dito no início é muito grande. Os períodos e frases muito longos confundem o telespectador e distanciam quem fala do que foi perguntado, além de poder provocar o chamado "branco", ou então o surgimento da tão conhecida e freqüente pergunta:

— O que foi mesmo que você me perguntou?

Os termos em inglês, mesmo aqueles considerados corriqueiros, devem ser evitados, assim como as expressões muito técnicas. Quando o telespectador precisa refletir sobre o significado de uma ou outra palavra dita pelo entrevistado, ele deixa de receber o restante da mensagem. E, na TV, cada segundo é precioso, a compreensão tem de ser imediata. O não-cumprimento dessas orientações aumenta o trabalho do editor, cuja função é cortar todas as palavras e frases que não acrescentem nenhuma informação ou tornem a entrevista mais longa e cansativa.

A melhor maneira de falar bem e com clareza é aprender a se escutar. É ouvir cada sílaba pronunciada. Assim, sabe-se exatamente a que velocidade cada palavra está sendo pronunciada.

Esta é também uma forma de garantir que as últimas sílabas das palavras sejam ditas com perfeição. É compensador saber que os próprios ouvidos de quem fala são os primeiros a reconhecer quando o discurso começa a ficar desinteressante. Escutando-se o que se diz, sabe-se exatamente o que precisa ser mudado ou complementado. Evita-se, com isso, que palavras emendadas formando sons estranhos aos ouvidos e até mesmo os cacoetes de quem fala possam prejudicar o bom recebimento da mensagem por parte do telespectador. E é sempre bom não esquecer que a imagem transmitida pelo executivo é a imagem da empresa por ele representada.

Outro detalhe se refere à atenção que se deve prestar ao que foi perguntado. Responder sem saber exatamente o significado da pergunta pode ser desastroso. Para evitar isso, é de suma importância ouvir e entender cada uma das palavras do entrevistador. Melhor pedir para repetir a pergunta do que responder na dúvida.

O caminho mais curto para o acerto é responder apenas e estritamente àquilo que foi perguntado. Acrescentar outras informações, não pedidas, mas de interesse empresarial, só deve ser feito quando o executivo estiver muito tranqüilo e ciente de estar passando a mensagem certa no momento exato. Fora isso, não é aconselhável arriscar. O entrevistado poderá ser surpreendido. Se a resposta se desviar do objetivo da pergunta, o repórter, rapidamente, interromperá o executivo, cortando sua resposta e introduzindo outro assunto, em outra pergunta.

Vale sempre lembrar que a comunicação na televisão é de corpo inteiro; por isso, é fundamental que os gestos não desmintam o que o porta-voz está dizendo. Uma afirmação, por mais categórica que pareça, pode ser recebida com desconfiança, se o entrevistado não passar credibilidade. Balançar as pernas, apertar as mãos, manter os ombros encolhidos e quase juntos ao pescoço e a voz trêmula pode provocar dúvida sobre a veracidade da informação.

> Vale sempre lembrar que a comunicação na televisão é de corpo inteiro; por isso, é fundamental que os gestos não desmintam o que o porta-voz está dizendo.

Os gestos que, de tão insistentes, podem chamar a atenção do telespectador também devem ser evitados. Reparar como se movimentam seus braços, suas mãos, suas sobrancelhas é sempre compensador. O melhor, durante uma entrevista, é se concentrar no entrevistador e procurar, ao máximo, manter-se seguro do discurso. Só assim o físico não terá razões para mostrar ao telespectador o desconforto de quem fala.

Muito da segurança necessária ao porta-voz vem da serenidade proporcionada pela consciência do conteúdo da informação a ser divulgada. O papel da assessoria de imprensa da empresa também é importante nesse momento. São os assessores que precisam saber, antecipadamente, quem é o repórter e quais os objetivos da pauta. Ao repassar esses detalhes para o executivo, a assessoria estará fortalecendo a confiança daquele que estará diante das câmeras.

A partir daí, não há o que temer. O entrevistador não pode ser visto como inimigo. Ele precisa mais do entrevistado do que muitos imaginam.

Luz. Câmera. Gravando.

O equipamento técnico de televisão não deve ser motivo de preocupação para o entrevistado. O melhor é ignorá-lo ao máximo.

Convém não olhar direto para as luzes. São lâmpadas muito fortes capazes de provocar desconforto nas retinas. Concentrar-se no jornalista/entrevistador é sempre o melhor a fazer, seja em uma entrevista de estúdio ou no ambiente de trabalho do executivo.

O olhar de quem responde deve estar direcionado para os olhos de quem pergunta. Uma boa entrevista é aquela que se transforma em uma boa conversa.

Olhar direto para a câmera de TV só é obrigatório nos pronunciamentos comuns ao presidente da República, a ministros de Estado, autoridades e candidatos políticos em campanha. Num estúdio de televisão, é preciso saber que o contra-regra e o diretor do estúdio são os responsáveis técnicos. Cabe a eles determinar onde o entrevistado deve ficar, a hora de sentar ou de levantar. O melhor é não tomar nenhuma atitude sem o consentimento prévio deles.

Um cuidado que poderá melhorar muito a imagem do executivo diante da tela da TV é a maneira como ele se senta. Verificar se a parte de trás do paletó está bem rente ao espaldar da cadeira e junto ao quadril contribuirá para a elegância do entrevistado. O mesmo vale para o blazer da executiva. É também aconselhável reparar se a gravata não está torta ou com o nó desalinhado.

> O olhar de quem responde deve estar direcionado para os olhos de quem pergunta.

A importância do vestuário na tela

Pode parecer simples: abrir o armário, escolher o melhor terno e a camisa mais nova, e está resolvida a questão da roupa ideal para uma entrevista na TV.

Parece, mas não é.

A tela da televisão, por sua constituição técnica, não permite o uso de tecidos xadrez, tampouco listrados. Portanto, o terno ou o paletó devem ser lisos. Nem mesmo o *pied-de-poule* e o príncipe-de-gales – casemiras ou lãs cujas tramas formam desenhos nos tecidos usados em blazers e paletós – são adequados.

Quanto às cores, as escuras como o preto, o azul-marinho e o cinza são as mais indicadas. O marrom costuma deixar seu usuário com aparência abatida. Já a tonalidade muito clara rouba mais luz e aumenta as marcas no rosto de quem fala.

A camisa também deve ser lisa e de cor firme. O branco, normalmente proibido diante das câmeras, é permitido para a camisa, desde que acompanhada por paletó escuro. Por ser do mesmo tom do *cromakey*, a base de todos os cenários, o azul-royal ou cobalto é outra cor proibida. A mistura dos dois tons provoca manchas esbranquiçadas na roupa do entrevistado e esse efeito se transforma em defeito técnico, não permitido pelos diretores de TV.

> O branco é permitido para a camisa, desde que acompanhada por paletó escuro. Por ser do mesmo tom do *cromakey*, a base de todos os cenários, o azul-royal ou cobalto é outra cor proibida.

A gravata com grandes estampas e listras muito miúdas também prejudica a nitidez da imagem.

Quando o traje for esporte, recomenda-se o uso de camisa social lisa com as mangas dobradas. A camisa de malha é perigosa. Realça sempre o que se quer esconder.

Para a executiva, é importante saber que brincos grandes, colares exagerados e pulseiras barulhentas são proibidos em dias de entrevista. Outra atenção deve ser dispensada às saias. As curtas e justas também não podem ser usadas. O mesmo cuidado deve ser observado às blusas de malha, sem mangas e decotadas. Não é sem razão que as apresentadoras da TV sempre preferem o blazer e o terninho na hora do trabalho.

Em relação às cores mais apropriadas, é sempre melhor optar pelas clássicas: preto, cinza, bege, gelo, vermelho, marinho. Devem-se evitar as muito fortes, as chamadas cores vibrantes, como amarelo-ouro, cenoura, verde-limão, roxo e rosa-choque.

O vestuário e as partes expostas do corpo da mulher – braços, colo e pernas – não podem chamar mais a atenção do telespectador do que a mensagem que está sendo transmitida.

Tipos de entrevista

As entrevistas podem ter características diferentes. Hoje, a diversificação das redes de televisão ampliou a participação dos entrevistados não só nos telejornais como também em programas de economia, negócios e variedades. Ficou mais fácil identificar para qual público tal programa se destina.

Na entrevista exclusiva, é indispensável que o entrevistado saiba quem é o repórter e o que ele pretende; se é especializado na área ou não, para qual programa jornalístico trabalha e se é apropriado o uso de termos mais técnicos e informações mais aprofundadas.

Na entrevista coletiva, é preciso escutar uma pergunta por inteiro, feita por um dos repórteres, ainda que vários estejam falando ao mesmo tempo. Ser didático, usar um vocabulário de entendimento rápido e fácil é primordial. Mais vale dar menos informações que não ter nada aproveitado pelas editorias ou, pior, ter informações mal divulgadas.

Outro detalhe importante a ser considerado: na entrevista de estúdio, aconselha-se chegar, no mínimo, meia hora antes. Uma conversa informal com o entrevistador e com os editores é sempre útil e pode trazer segurança ao executivo. Dentro do estúdio, já no cenário do programa, antes e depois da entrevista, as chamadas conversas em off não existem. Só se fala o necessário; e assim mesmo dentro do contexto da entrevista. Comentários sobre qualquer outro assunto são proibidos para quem não quer se arrepender depois.

Todos os sinais captados dentro de um estúdio, antes ou depois do programa, poderão ser retransmitidos a antenas parabólicas e outros sinais via satélite.

Todo cuidado é pouco.

O off: uma questão delicada

É fundamental a atenção para a conversa em off – aquela em que o entrevistado acha que nada do que disser será atribuído a ele quando a matéria for veiculada. Muitos executivos chegam a pensar que com o repórter de televisão é diferente, uma vez que a notícia para a TV precisa de câmera e microfone. Engano. A divulgação das informações em off nas emissoras de TV é tão freqüente quanto nos jornais e nas revistas.

Jornalista é repórter 24 horas por dia. Jamais dispensa uma boa informação.

O off também é entrevista.

Manter o nome da fonte em sigilo, recurso previsto na lei de imprensa, pode durar o tempo que o repórter e a empresa de comunicação julgarem necessário. São poucos os profissionais que respeitam, por tempo ilimitado, o acordo de manter em segredo o nome de quem passou a informação. Se a revelação for importante para garantir um bom furo, o acerto, na maioria das vezes, é quebrado.

Isto não quer dizer que o off seja proibido, mas, sim, que requer extremo cuidado.

Também merece atenção a conversa com jornalistas em reuniões sociais, na sala de embarque dos aeroportos ou na fila do cinema. Ela será considerada um simples bate-papo amigo até dado momento. Lançar mão do off na hora certa é hábito comum na nossa imprensa.

> **Jornalista é repórter 24 horas por dia. Jamais dispensa uma boa informação. O off não é proibido, mas requer extremo cuidado.**

A ASSESSORIA DE IMPRENSA: UMA ALIANÇA QUE PRECISA SER PERFEITA

Um executivo moderno não pode prescindir de uma boa assessoria de imprensa. São profissionais que sabem o que deseja a mídia e o que interessa à empresa. Funcionam como ponte entre um e outro, aptos em identificar a intenção do veículo de comunicação e o objetivo do jornalista em momentos determinados.

Muitos empresários e executivos consideram tais contribuições desnecessárias, já que eles próprios são os maiores conhecedores das informações relativas às áreas que comandam. Com base nesse princípio, os desacertos entre empresa e imprensa não têm sido raros.

É impossível não lembrar de um dia nervoso no mundo dos negócios e na vida de todos os brasileiros: o dia da estréia das operadoras de telefonia aqui no Brasil. Depois de um mês inteiro de explicações, publicidades, entrevistas, ensinamentos e tira-dúvidas, a empresa encarregada da implantação do novo sistema – que incluía mais dois dígitos nas ligações telefônicas interestaduais e internacionais – entrou na mais profunda e grave crise de descompasso de comunicação.

A grande empresa responsável por inserir os brasileiros na mais alta tecnologia da comunicação telefônica via satélite ficou muda.

Sem palavras.

É difícil esquecer o dia em que os brasileiros não conseguiram fazer nem sequer uma ligação telefônica para fora de seus municípios. Os tais dois dígitos das operadoras não conectavam ninguém a lugar nenhum.

Pane geral nas comunicações via telefone, via fax e internet, baque completo nos computadores.

Milhares de empresas paralisadas, aeroportos com dificuldades de comunicação para controle do tráfego aéreo, queda no mercado financeiro.

País mudo e assustado.

Na sede da controladora, no Rio de Janeiro, toda a imprensa nacional e os principais correspondentes estrangeiros no Brasil esperavam pelas explicações oficiais. Todos aguardavam pelos representantes da empresa e da recém-criada agência reguladora. Eles dariam as primeiras explicações ou, ao menos, tentariam abrandar os impactos detonados pela crise da telefonia, ainda não totalmente solucionada às 6 horas da tarde.

Horário nervoso para os jornalistas. Tempo de voltar para as redações com as matérias a serem editadas – a famosa "hora do fechamento". Correr contra os ponteiros do relógio, com os chefes pressionando nas emissoras, embora corriqueiro para os jornalistas, pode provocar reações inesperadas na relação com assessores, entrevistados e até mesmo influenciar o tom da matéria a ser divulgada.

Já passava das seis e meia da tarde quando um batalhão de executivos entrou na ampla sala onde a imprensa, impaciente, esperava pelas declarações. Os responsáveis pelo caos via satélite assumiram seus lugares e, pateticamente, iniciaram uma troca de olhares entre si como se quisessem perguntar, silenciosamente: quem vai falar?

Um exército de assessores correu para o fundo da sala. Eles também pareciam assustados com a cena, aquele palco exibindo o mais autêntico despreparo de executivos para as chamadas situações de crise.

Um dos repórteres, sem disfarçar a irritação com o atraso, perguntou ao presidente o que ele tinha a dizer para um país inteiro com os telefones mudos.

O triste espetáculo continuou.

O porta-voz não conseguiu articular uma única frase inteira. A cada dez palavras, era interrompido por um dos diretores e até mesmo por assessores que complementavam a resposta, corrigiam informações e forneciam dados que já tinham sido passados aos repórteres com muita antecedência. A entrevista coletiva não demorou muito tempo. Os jornalistas abandonaram a sala, pouco a pouco, sem informações concretas.

Na mesma noite, o resultado catastrófico daquela entrevista coletiva. Telejornais de todos os canais abriram a cobertura do dia com a fisionomia perplexa e silenciosa daquele que teria de dar todas as explicações aguardadas pelo país.

O que a tela exibiu passou a impressão de irresponsabilidade e de descaso dos responsáveis pela prestação de serviços para com os brasileiros. Óbvio que, naquele momento, eram exatamente essas as imagens que os executivos menos queriam ver. Óbvio também que tanto os profissionais da empresa quanto os da agência reguladora tentaram minorar os efeitos negativos de seus muitos desacertos; mas é fato que não conseguiram.

As razões de tanto desencontro?

Faltou mais ação dos especialistas em comunicação.

Faltou experiência e segurança aos empresários nas ocasiões de conflito institucional.

Faltou um plano de gerenciamento de crise, e tal plano não pode surgir do nada, apenas em situações críticas. Ele precisa existir como uma possibilidade sempre presente, apesar de nunca desejada. Por isso é tão importante ter uma assessoria que saiba como organizar uma entrevista coletiva, sobretudo para TV, em situações de contingência. É ela, a assessoria, que identifica e seleciona as informações mais importantes para momentos assim. Os assessores de comunicação é que devem instruir e recomendar a indicação desse ou daquele executivo como porta-voz, já que estão aptos a reconhecer o profissional capaz de responder com clareza a cada uma das indagações de repórteres ávidos por explicações.

> **Os assessores de comunicação é que devem instruir e recomendar a indicação desse ou daquele executivo como porta-voz, já que estão aptos a reconhecer quem é capaz de responder com clareza a cada uma das indagações de repórteres.**

A VOZ EMPRESARIAL

A busca incessante de uma imagem fortalecida e cristalina, num mercado cada dia mais competitivo, tem levado muitas empresas a investir na formação de porta-vozes. É importante reafirmar: não só num único porta-voz. Cada vez mais, torna-se fundamental contar com profissionais capacitados para falar sobre cada área determinada da empresa, na corrida pelo fortalecimento da identidade empresarial em todos os setores de atuação da instituição.

> **É fundamental contar com profissionais capacitados para falar sobre cada área determinada da empresa.**

É indispensável que a informação da empresa seja uniforme. Igual para todos os setores. Não se admite que um porta-voz divulgue uma notícia, por exemplo, em São Paulo, e na filial da empresa, em Porto Alegre, e que a mesma informação receba enfoque diferenciado. Este é outro ponto em que o trabalho de assessoria de comunicação tem atuação importante. Cabe a ela fazer circular, dentro da empresa, o conteúdo da informação desejado pelos dirigentes da companhia.

Enfoques contraditórios, sobre o mesmo tema, fornecidos por porta-vozes diferentes, têm contribuído bastante para a formação de imagens que levam consumidores – e até mesmo o mercado empresarial – à dúvida e à desconfiança com relação a importantes empresas. Certamente, a primeira a perceber a contradição será a própria imprensa. Fatos desse

tipo podem provocar um maior distanciamento entre jornalistas e executivos.

É IMPORTANTE LEMBRAR

Não há o que temer. Falar para a televisão não deve ser
mais um fator de preocupação para o executivo. É necessário,
sim, estar preparado para exercer a função de porta-voz.

O empresário de hoje não pode achar que a matéria exi-
bida, por conta da displicência ou má intenção do repórter,
não ficou exatamente como ele pensou. Em muitas situações,
o próprio entrevistado cooperou para o não entendimento
exato das informações. Não se expressando bem, pode cola-
borar, sem perceber, para o resultado final da edição.

> O empresário de hoje não pode achar que a matéria exibida, por conta da displicência ou má intenção do repórter, não ficou exatamente como ele pensou.

Muitos pensam que, se gravaram durante "x" minutos,
a entrevista integral irá ao ar. Não é assim que funciona. O
conteúdo da entrevista é apenas um dos componentes da
matéria. O editor escolherá o que o repórter trouxe de melhor, a fim de compor a reportagem. Da entrevista, será aproveitado apenas o fundamental, o essencial para o enriqueci-
mento da informação. Daí a importância de ser claro e direto
nas respostas.

Outro mau hábito de alguns entrevistados é o de telefo-
nar para o repórter, o editor ou o diretor da emissora, e pedir
para trocar uma informação, eliminar outra ou apenas para
saber como a matéria está sendo editada. Todos os cuidados
com uma entrevista devem e têm de ser tomados antes da
chegada do repórter, durante ou no fim da gravação. Nunca
depois.

Nas televisões, as máquinas de edição e de pós-produ-
ção realmente são capazes de fazer alguns milagres tecno-
lógicos, tanto de imagem como de áudio. Mas mudar inteiramente o que foi gravado, incluir palavras não ditas ao
discurso ou emendar palavras de frases diferentes, formando
uma outra idéia, não é possível. Quem diz isso, faz afirmações sem fundamento.

O telejornalismo moderno tem se aprimorado em evitar, ao máximo, a edição das falas gravadas como era feito há cinco, dez anos. Nessa época, era muito mais comum cortar e emendar frases, retirando-se do meio delas o dispensável para o bom entendimento da notícia; cortavam-se palavras e até frases inteiras que nada acrescentavam à idéia.

Hoje, os editores se esforçam, e muito, para encontrar na entrevista trechos que tenham princípio, meio e fim. Que expressem o pensamento, com lógica, sem a necessidade de ser cortados e editados.

Melhor para o entrevistado.

Melhor para a credibilidade da matéria.

Entretanto, para que isso aconteça com mais freqüência, e principalmente com os empresários, não se pode esquecer que cabe ao executivo se preparar para ser um bom entrevistado. É necessário saber que falar exige o conhecimento de algumas técnicas que requerem extrema atenção. Quem vai escutar o que o entrevistado tem a dizer deve entender a mensagem de imediato. A televisão não permite que o telespectador pare para raciocinar sobre o que está sendo transmitido a ele. A reciprocidade entre divulgar, receber e compreender a informação precisa ser instantânea.

No mundo dos negócios, a produção, o faturamento e a comunicação estão cada vez mais unidos. Não adianta ter o melhor produto, o serviço mais aperfeiçoado, as idéias mais modernas e o mais aprimorado atendimento aos consumidores se o público não ficar sabendo dessas vantagens. A circulação de boas notícias é fundamental para o fortalecimento da imagem de uma empresa.

Se a comunicação é parte integrante do sucesso empresarial, não há por que não fazer dela uma boa parceira. Assim, um executivo poderá ser um bom porta-voz, revelar aos telespectadores a nitidez da identidade da empresa que representa, dosar com exatidão o tom da mensagem e transmitir confiança e credibilidade.

Os bons resultados virão. Não há como duvidar.

A autora

Beatriz Thielmann é jornalista. Trabalha como repórter especial da Rede Globo de Televisão. Em Brasília foi repórter credenciada da Presidência da República e do Congresso Nacional. Fez matérias exclusivas para o *Jornal Nacional*, *Jornal da Globo*, *Jornal Hoje*, *Bom Dia Brasil* e para o programa *Fantástico*. Participou de coberturas no Brasil e no exterior. Dedicou-se, durante seis anos, a documentários para o *Globo Repórter*. Tem trabalhos reconhecidos pelo Unicef, Instituto Ayrton Senna, Ministério do Meio Ambiente, Câmara de Comércio Latino-Americana e Festivais de Vídeo de Assis (Itália) e de Nova York (Estados Unidos). Desde 2001 está à frente da Falarbem Comunicação, empresa especializada em treinamento em comunicação oral e vídeos institucionais. Entre os mais recentes trabalhos estão documentários para o Petrobras Social, Transpetro e Programa de Prevenção contra a Aids em Angola. É autora de *De mulheres para mulheres (mas que todo homem deve ler)* (Ed. PUC-RJ, 2003).

8

O outro lado do media training: o que dizem os jornalistas?

JANETE OLIVEIRA

A demanda pelo media training tem aumentado nas empresas, especialmente à medida que elas se dão conta do poder formador de opinião da mídia e da necessidade de uma preparação profissional de seus gestores. O estudo que apresentamos é o resultado de uma conversa mais atenta com os veículos e mostra o outro lado do treinamento: o olhar do jornalista, daquele que está exposto aos resultados do media training, examinando erros e acertos. Após analisar a impressão de alguns desses profissionais que estão em contato diário com executivos e gestores públicos, esperamos contribuir para uma visão mais clara das prioridades e preocupações dos veículos – ou seja, do que pode suscitar visibilidade estratégica ou, na direção oposta, antagonismos e arestas na relação empresa–mídia.

A responsabilidade de um executivo já não se restringe aos assuntos internos da empresa que conduz. Cada vez mais, ele tem sido chamado a prestar contas à sociedade sobre as posturas e decisões corporativas que envolvem seu negócio. Cresce, por exemplo, por parte da sociedade civil, a cobrança quanto a um posicionamento mais sustentável no que diz respeito aos critérios empresariais de produção, consumo e desenvolvimento de produtos. As instituições são chamadas, hoje, não só a assumir seus erros e prestar contas de má conduta, como também a comunicar os parâmetros de suas principais decisões. E, como a imprensa funciona como filtro, hoje um profissional corporativo tem de estar preparado para lidar com o principal mediador da sociedade: a mídia.

> As instituições são chamadas, hoje, não só a assumir seus erros, como também a comunicar os parâmetros de suas principais decisões.

Por conta dessa demanda, têm surgido serviços de comunicação que auxiliam os executivos nesta tarefa. A essa preparação para o contato sistemático com a imprensa chamamos media training. Quando se trata desse tema, as atenções sempre se voltam para um melhor treinamento; ou seja, como atender à mídia de maneira mais eficiente, zelando pela reputação conquistada com a opinião pública. Mas e aqueles que recebem o resultado desse treinamento? Quais são suas percepções a respeito das técnicas de media training? Que erros e falhas podem estar sendo cometidos? Que qualidades? Tentando lançar um pouco de luz sobre estas questões, apresentamos o presente estudo.

A pesquisa

> O que se fala hoje de media training é dito por quem está do lado do executivo. Para colher os resultados esperados, porém, é preciso entender como esta fala é recebida do outro lado, pelos jornalistas.

Escolhemos como público-alvo deste estudo os profissionais de imprensa porque são os primeiros a entrar em contato com o executivo e, portanto, os que vão perceber o preparo ou não do empresário entrevistado. Assim, buscamos o outro lado do media training: a versão dos jornalistas.

O que se fala hoje de media training é dito por quem está do lado do executivo, de quem o prepara. Mas para colher os resultados esperados por este treinamento, é preciso entender como ele é recebido do outro lado, pelos jornalistas. Ou seja, saber se, de fato, a mensagem do executivo chega aos veículos de comunicação conforme o desejado, bem como se o treinamento tem melhorado a performance durante as entrevistas e a relação com a mídia. Por isso, tal sondagem é importante para checar qual tem sido a percepção dos jornalistas com relação a essas questões.

Realizamos, então, entre os meses de dezembro e janeiro, um estudo exploratório sob a forma de pesquisa de opinião entre jornalistas do Rio de Janeiro e de São Paulo para levantar percepções acerca do media training. A interpretação dos dados coletados em vinte entrevistas proporcionou uma série de análises, que apresentaremos a seguir.

Embora não se trate de uma pesquisa aleatória probabilística simples, em vista de seu pequeno número de entrevistas, elencaremos algumas percentagens para efeito didático na explicação e melhor visualização dos resultados.

Os jornais perfazem um total de 55% dos veículos entrevistados, quase uma divisão meio a meio entre os dois tipos de publicações pesquisadas: jornais e revistas. Como metodologia para este estudo, optamos por um projeto de pesquisa estatística descritiva utilizando um questionário como instrumento formal de coleta de dados – questionário esse reproduzido ao final do artigo. O universo com o qual trabalhamos foi o de jornalistas de grandes veículos das cidades do Rio de Janeiro e de São Paulo das pautas de economia e negócios. Como se trata de um estudo exploratório, sem necessidade de extrapolações estatísticas, utilizamos uma amostragem não-probabilística. As entrevistas formais couberam à equipe entrevistadora do Laboratório de Pesquisa Mercadológica e de Opinião Pública da Faculdade de Comunicação Social da Universidade do Estado do Rio de Janeiro (Uerj), que levantou os vinte inquéritos.

O questionário aplicado dividiu-se basicamente em três etapas de abordagem. Na primeira, pedíamos que os jornalistas avaliassem o comportamento geral dos executivos, os principais critérios para uma performance correta e os erros mais cometidos. Na segunda, foi solicitado aos entrevistados que registrassem a sua percepção sobre o uso de media training e sobre situações mais concretas de trabalho (tempo de resposta dos executivos, comportamento em situações de crise e desempenho em entrevistas coletivas). Na terceira e última parte, pedíamos sua opinião sobre como o media training tem afetado o comportamento dos executivos.

Nosso objetivo foi oferecer ao leitor – na posição de executivo ou gestor – um panorama geral do que pensam aqueles que apuram a notícia e como qualificariam o estágio atual do media training de acordo com a sua experiência. O estudo buscou evidenciar os critérios considerados imprescindíveis para uma boa entrevista e a avaliação dos jornalistas quanto ao comportamento dos executivos, ou seja, o que seria o ideal e o que de fato acontece quando um gestor precisa falar à imprensa.

Também tentamos buscar a percepção do uso do media training por parte dos jornalistas. Será que aqueles que fazem a apuração da notícia notam que seus entrevistados passaram por um treinamento profissional?

Quanto aos erros e às qualidades dos executivos durante uma entrevista, tentou-se verificar quais seriam seus pecados, as falhas mais graves cometidas, procurando os pontos nos quais o media training pode estar ainda se equivocando, bem como os itens que devem ser mais trabalhados no treinamento.

Por meio do confronto entre o comportamento verificado pelos jornalistas e sua percepção do uso de treinamento para executivos, tentamos avaliar qual seria o grau de importância atribuído ao media training. Com esse dado, pode-se inferir a necessidade do treinamento sob a ótica daqueles que buscam a informação. Buscamos também como objetivo avaliar como os repórteres percebem a disponibilidade para resposta dos executivos, e a partir daí verificar se temos evoluído na importância dada pelas instituições no que se refere a ser uma fonte dinâmica e apta a lidar com as demandas jornalísticas.

* * *

Na avaliação geral quanto ao comportamento em entrevistas, 15% acreditam que cada um dos executivos age de maneira singular, que depende da própria personalidade e da empresa. Quando perguntados sobre quais fatores consideram fundamentais em uma entrevista, 60% dos jornalistas colocaram em primeiro lugar a clareza e a objetividade como critérios imprescindíveis para o bom desempenho do executivo.

> **No estudo proposto, clareza e objetividade aparecem como critérios imprescindíveis para o bom desempenho do executivo.**

De modo geral, o estudo sinaliza que os jornalistas ainda não crêem que a "maioria" dos executivos esteja preparada para lidar com a mídia. Um bom sinal, entretanto, é que eles não só reconhecem que uma parcela já está lidando com a mídia de forma mais profissional como acreditam que o media training seja um passo importante para isso. Conforme dados da pesquisa, mais da metade dos entrevistados – 60% deles – considera que "alguns" executivos estão preparados para dar entrevistas e 30% percebem que os executivos receberam media training para lidar com a imprensa. E, embora possamos dizer que poucos identificam a utilização do serviço, um percentual de 60% considera muito importante uma preparação profissional para o executivo.

Quando perguntados sobre os problemas dos executivos porta-vozes durante as matérias, 30% consideraram as informações equivocadas o erro mais grave em uma entrevista. Quanto aos pontos positivos, 10% apontaram a qualidade das informações como um atributo a ser ressaltado durante uma entrevista. Ainda que não estejamos falando de uma amostra probabilística, este dado indica que os treinamentos de porta-vozes precisam enfatizar, na pauta de seus assuntos, o cuidado na apuração e no relato dos fatos. É possível que haja, às vezes, descompassos internos entre a detecção de um fato, a decisão de transparência do gestor e a coordenação de movimentos entre a assessoria e seu porta-voz – e isso cause ruído na informação. Embora este tema não esteja ainda na linha de frente do media training, é importante que, cada vez mais, os profissionais à frente do treinamento suscitem uma visão mais estratégica dos executivos quanto ao *timing* e à legitimidade da informação.

> **Se as informações equivocadas aparecem como o erro mais grave em uma entrevista, a qualidade das informações é, em contrapartida, o principal atributo ressaltado pelos jornalistas.**

Apesar de os executivos serem relativamente rápidos no retorno à mídia, eles ainda se esquivam do contato com os veículos nas situações de crise.

A respeito da rapidez da resposta, 35% afirmam que os executivos respondem em até 24 horas ou até 48 horas, e 50% dizem que a assessoria de imprensa é acionada quando se trata de situações de crise. Isso significa que, apesar de os executivos serem relativamente rápidos – porque, na verdade, tudo depende do *timing* da reportagem –, eles ainda se esquivam do contato com os veículos nas situações de crise. Quando o tema se reporta às entrevistas coletivas, 65% qualificam como bom o comportamento dos executivos neste tipo de contato, já que normalmente quem se apresenta nessas situações é o representante mais preparado.

Outro ponto importante que contribui para identificar novas demandas e desafios no campo do media training refere-se à impressão do jornalista quanto ao resultado desse treinamento. Embora um percentual de 30% não soubessem responder que falhas poderia apontar no comportamento dos executivos que receberam media training, 65% acreditam que este pode reduzir a espontaneidade nas respostas. Contudo, 70% acham que o número de executivos com media training vem aumentando, o que significa que o treinamento veio para ficar e precisa apenas de alguns ajustes para encontrar um ponto de equilíbrio entre executivo e imprensa.

Estas e outras questões que o levantamento aponta aparecem, agora, em seqüências temáticas, a fim de facilitar o entendimento das principais conclusões obtidas neste estudo. Imaginamos que algumas destas observações podem sugerir ao executivo linhas de ação para que o relacionamento com a imprensa flua melhor, identificando as possíveis lacunas no comportamento dos gestores.

Embora alguns jornalistas elogiem o comportamento dos executivos, existe uma ressalva sobre a situação em que as declarações ocorrem e sobre quem as faz. Ou seja, o famoso "depende".

O COMPORTAMENTO DO EXECUTIVO

Pelo exposto nos dados da pesquisa e pelos comentários feitos, sentimos que, embora alguns jornalistas elogiem o comportamento dos executivos, existe uma ressalva sobre a situação em que as declarações ocorrem e sobre quem as faz.

Ou seja, o famoso "depende". Persiste, de certo modo, um forte sentimento de que os executivos ainda não sabem lidar com a imprensa, são arredios e inseguros conforme as declarações que seguem:

- *"Tem três tipos: 1) o cara que se sente à vontade e sabe o que dizer; 2) o "sem-noção", aquele cara que fala tudo que pode e o que não pode; 3) e o cara travado, que não fala nada ou porque é uma característica da personalidade ou porque recebeu muito media training."*
- *"Depende do executivo, da situação. Se é algo que interessa a ele ser publicado, é solícito; se não, pode ficar arredio."*
- *"Eles são muito arredios. Acabam caindo sempre com o pé atrás com os jornalistas, com medo de que estes distorçam tudo que foi dito."*
- *"Insegurança. A maior parte fica inseguro com a presença dos jornalistas."*
- *"Eles geralmente ficam na defensiva, se fecham bastante. Porém, quando é do interesse deles, a publicação até procura o jornalista para uma pauta."*
- *"É bem satisfatório, em geral estão acostumados a lidar com a imprensa. Somente em situações de crise eles demonstram insegurança, não gostam de comentar."*

Percebemos que a insegurança e o medo dos executivos na relação com a imprensa é o que mais salta aos olhos dos jornalistas. Acrescente-se que, para eles, há ainda na balança uma falta de espontaneidade causada por um mau entendimento do media training (conforme vemos na primeira fala). Isso significa que esse aspecto tem de ser mais trabalhado. Há um claro sentimento de conflito entre o interesse do jornalista e o que o executivo quer dizer. Tanto que o principal critério para que um executivo esteja apto a dar entrevistas consiste no par clareza e objetividade (60% das observações em primeiro lugar)[1], seguido da precisão das informações

---

1. Nesta questão os entrevistados tiveram de colocar em ordem os critérios e, para cada uma (1ª, 2ª...), foram calculados percentuais individuais.

dadas (65%), da disponibilidade dos dados (70%) e do conhecimento do assunto (45%). Embora relevância e atualidade sejam tidas como pontos importantes, elas perdem em prioridade para clareza e objetividade, sinalizando que os jornalistas julgam que estes elementos ainda não foram alcançados de forma apropriada.

Em relação a estes critérios, 60% consideram alguns executivos preparados, contra 25% que acreditam que todos/quase todos estão preparados – o que significa que 85% acham que existe uma preparação por parte dos dirigentes das empresas para falar com a mídia. Ou seja, mais de três quartos dos executivos atendem de forma relativamente satisfatória aos critérios citados no parágrafo anterior. Isto demonstra a evolução da importância da área de comunicação no cenário organizacional: as instituições estão muito mais atentas para consolidar a credibilidade no mundo corporativo do que no passado. Poucos jornalistas (15%) ainda dizem que um número pequeno de executivos está preparado, e nenhum entrevistado disse: "Nenhum executivo está preparado para dar entrevista". Isto quer dizer que a maioria considera uma boa parte dos executivos preparada para dar entrevistas.

O MEDIA TRAINING – USO/PERCEPÇÃO

Dos entrevistados, apenas 30% afirmaram perceber que os executivos foram preparados segundo o media training. Ou seja, embora esta informação não esteja clara para os jornalistas, de modo geral existe certa evidência dos métodos desse treinamento no comportamento dos executivos. Essa transparência, ao que parece, é notada por meio de um comportamento mais profissional dos empresários/dirigentes das empresas. Uma pequena parcela (15%) não sabe dizer se houve media training, indicando que alguns jornalistas não percebem um preparo especial do executivo – e, neste caso, o media training aparece como uma tendência estabelecida apenas entre os empresários. Outra parte – cerca de 20% – diz que os executivos estariam preparados mesmo sem o treinamento, apontando certa naturalidade no trato com a imprensa independentemente de uma preparação profissional. Por fim, um percentual de 10% considera que eles não estão preparados, e os demais oscilam, pois afirmam que depende da empresa e da situação. Nesta questão agrupamos algumas respostas similares para melhorar a compreensão.

Curiosamente, apesar de alguns não identificarem o media training, a importância dada à preparação profissional dos executivos é grande – 90% a consideram como importante/muito importante, enquanto apenas 10% lhe atribuem pouca importância. Isto revela uma tendência de crescimento para o serviço. No entanto, ele deve crescer ajustando-se às necessidades dos dois lados – tanto do executivo, que quer passar as informações que possam construir credibilidade, quanto do jornalista, que deseja dados para construir uma notícia. E, embora não exista uma resposta majoritária, podemos perceber que a necessidade da preparação refere-se a uma possibilidade de melhorar o relacionamento com o jornalista/imprensa, bem como à qualidade da informação. Em outras palavras, que ela possa fluir de forma mais precisa e clara, segundo confirmam as declarações que seguem:

> *Apesar de alguns jornalistas não saberem precisar se o porta-voz recebeu media training, a importância dada à preparação profissional dos executivos é grande – 90% a consideram importante/muito importante, enquanto apenas 10% lhe atribuem pouca importância.*

> *O media training deve crescer ajustando-se às necessidades dos dois lados – tanto do executivo, que quer passar as informações para construir credibilidade, quanto do jornalista, que deseja dados para construir a notícia.*

- *"A empresa tem todo interesse em falar com a imprensa quando está tudo ok, e no momento de crise é bom que esteja bem preparado, sem deixar meias palavras, prejudicando a empresa."*
- *"Às vezes você marca entrevista com o executivo e ele não sabe o que é importante para o jornalista, o que é matéria para o veículo de comunicação."*
- *"Se ele consegue facilitar a informação, todos ganham: o leitor, o jornalista e a própria empresa."*
- *"Quanto mais souberem sobre o funcionamento do relacionamento com a imprensa, mais aptos e seguros estarão. Fazendo bem à própria empresa."*
- *"Ele tem de entender como funcionam os horários, a dinâmica de uma assessoria de imprensa, para que possa se tornar uma fonte necessária, saber o que o jornalista quer saber."*

Estas opiniões demonstram a necessidade de rever as condições de preparação dos executivos diante da mídia e revelam que ele precisa entender, basicamente, qual a dinâmica de um veículo de comunicação – além de perder algum tempo conhecendo aqueles para os quais vai falar. Como explicitado na segunda citação, é fundamental que o executivo conheça a dinâmica do veículo para o qual vai falar e saiba o que constitui matéria de interesse na pauta desse veículo. Tal conhecimento poderá contribuir significativamente para que o executivo não perca a espontaneidade nem se sinta desconfortável nos contatos com a imprensa, como mencionado nas duas últimas falas.

> É fundamental que o executivo conheça a dinâmica do veículo para o qual vai falar e saiba o que constitui matéria de interesse na pauta desse veículo.

Os comentários transcritos confirmam a opinião dada sobre o comportamento inseguro e distante de alguns executivos. A preparação/media training aparece como uma esperança de que os executivos adquiram mais segurança para passar as informações de forma objetiva e precisa, mostrando não só conhecimento do assunto como menos desconforto no relacionamento com os jornalistas.

ERROS, QUALIDADES E CONSELHOS

Segundo os jornalistas, o erro mais grave em uma entrevista são as informações equivocadas (30%), seguido pela mentira (15%). O que significa que, talvez, os empresários estejam alimentando um erro na dinâmica de informação dentro da empresa, quando os dados que lhes são passados para falar com a imprensa não são os mais atuais e diferem daqueles que a imprensa já apurou. O processo de apuração das informações não pode ser negligenciado a ponto de permitir que o executivo passe pelo constrangimento (não tão incomum) de ser desmentido em coletivas ou defrontado com dados que simplesmente desconhece. A assessoria de comunicação deve atender a esse tipo de necessidade, fornecendo os dados mais atuais e corretos para que os gestores estejam sempre com as informações mais recentes e, por sua vez, possam falar com segurança à imprensa. Aliás, antes de uma entrevista, o executivo deveria fazer um apanhado do que dizer, munindo-se de dados e documentos que confirmem sua fala. Do mesmo modo, oferecer material impresso aos jornalistas, após confirmação dos últimos números, pode ser um modo de minimizar qualquer ruído quanto ao que foi dito.

As demais citações sobre erros, em sua maioria (cerca de 60%), têm que ver com o conhecimento (ou falta dele) em relação ao assunto abordado na entrevista, reforçando a idéia de que a precisão da informação passada tem um grande peso em uma entrevista bem-feita.

Quanto às qualidades que devem ser demonstradas em uma entrevista, a palavra '"clareza" aparece em 40% dos comentários, e "objetividade" em 30%. Isto significa que falta precisão na fala dos executivos, isto é, eles não vão direto ao ponto e não otimizam os dados fornecidos – o que agilizaria o trabalho dos jornalistas. A qualidade, sinceridade/veracidade e precisão das informações aparecem também, mas em menor freqüência. O termo predominante nas falas foi, sem dúvida, a clareza:

> **Falta precisão na fala dos executivos, isto é, eles não vão direto ao ponto e não otimizam os dados fornecidos – o que agilizaria o trabalho dos jornalistas.**

- *"Clareza nas informações e entender o que é notícia de fato, o que realmente interessa ao jornalista."*
- *"Clareza, já que torna a entrevista mais compreensível."*
- *"Ser claro, objetivo e verdadeiro. Não manipular o entrevistador nem conduzir a entrevista."*

Quando perguntados sobre aspectos mais práticos no relacionamento com os gestores, o quesito sobre a rapidez das respostas/disponibilidade para atender às demandas da imprensa resultou em empate entre os prazos de 24 e 48 horas. Isto nos diz que, normalmente, os executivos respondem (cerca de 70%) em um prazo de dois dias. Em apenas um caso tivemos a declaração de que não respondem. No entanto, 35% responderam que a disponibilidade para retorno ao jornalista depende do executivo, da empresa ou da pauta. Isto quer dizer que o universo empresarial ainda não consolidou a prática de pronta resposta à mídia, especialmente em situações de crise, como veremos adiante. As respostas não significam uma queixa real sobre a disponibilidade dos executivos para a resposta; contudo, só para exemplificar, dependendo da mídia (jornal ou revista), o *timing* difere – no jornal o fechamento é mais rápido do que na revista –, e é importante que esses aspectos sejam levados em consideração na preparação dos executivos e no dia-a-dia da relação assessoria-mídia.

Nas situações de crise, 50% apontaram como comportamento dos executivos acionar a assessoria de imprensa para não fazer comentários. A segunda opção mais comum é a de emitir um comunicado oficial (45%), enquanto um percentual de 35% simplesmente se esconde da imprensa[2]. Apenas 15% comunicam o fato antes da crise ou convocam uma coletiva. Este se revela um dado preocupante, porque, embora tenham um tempo de resposta de até dois dias, o fato de o primeiro passo da empresa/executivo em uma situação de crise ser o de acionar a assessoria para não fazer comentários pode esconder um problema de *timing* de informação dentro da própria empresa, que necessita (baseando-se na resposta anterior de tempo de resposta) de pelo menos dois dias para recolher informações para falar com a mídia.

> Em relação às coletivas, a maioria dos jornalistas, no estudo, classifica o comportamento dos executivos como bom/muito bom, principalmente porque alega que quem vai às coletivas já está preparado para isso. Mas ainda assim alguns consideram esse tipo de entrevista superficial.

Em relação às coletivas, 70% dos jornalistas classificam o comportamento dos executivos como bom/muito bom, principalmente porque alegam que quem vai às coletivas já está preparado para isso. Contudo, percebemos certo desconforto quanto a esse processo no que se refere à profundidade das informações passadas. Alguns jornalistas consideram esse tipo de entrevista superficial. Diante disso, faz-se necessário pensar duas vezes antes de se decidir por uma entrevista coletiva – entrevistas individuais podem oferecer oportunidades interessantes para uma conversa mais detalhada sobre o assunto de interesse da empresa. No entanto, é preciso ressaltar que, de maneira geral, os jornalistas avaliam como positivo o comportamento dos executivos em coletivas, uma vez que classificam como bem preparados aqueles escolhi-

---

2. Como a questão admitia várias respostas, o percentual ultrapassa os 100%.

dos para participar desses eventos. Ou seja, a empresa escolhe com mais critério aqueles que falarão com a mídia nesse tipo de entrevista.

- *"De uns tempos para cá, eles têm se portado cada vez melhor, estão melhor assessorados."*
- *"Já houve uma preparação e, em coletiva, sempre tem alguém para dar suporte."*
- *"Além do fato de alguns jornalistas não lerem o material fornecido previamente, o que acaba entediando o empresário, coletivas não atraem mais, uma vez que se quer exclusividade."*
- *"As próprias empresas estão escolhendo seus* speakers *com mais cuidado, para melhor representar."*
- *"As coletivas são muito longas, perde-se muito tempo, o que fica cansativo tanto para o executivo como para o jornalista (que não gosta de coletivas)."*
- *"Por ser mais formal, são escolhidos os mais bem preparados da empresa, o que chega a ser mais proveitoso até para o repórter."*
- *"Aqueles que concedem coletivas já tiveram treinamento de media training."*

Com base no que foi dito (agrupando-se as idéias fornecidas, pois não houve nenhuma majoritária), uma dica para os gestores é buscar um conhecimento prévio sobre o veículo ao qual será dada a entrevista. Do mesmo modo, devem estar bem familiarizados com o *timing* e as necessidades jornalísticas (clareza, objetividade e precisão) e ter conhecimento profundo sobre o que vai ser dito.

O conteúdo fornecido e a eficiência na sua transmissão são os pontos mais importantes para os jornalistas. Nas entrevistas coletivas, esse conteúdo aparece delimitado devido aos múltiplos veículos envolvidos; por isso, notamos na terceira e quinta falas acima um indício desse sentimento de contrariedade para com as entrevistas coletivas. Nesse tipo de contato com o executivo, a informação fica limitada ao material impresso (superficial, às vezes, para a necessidade jornalística) e ao tempo disponível para cada jornalista. Daí a

> Uma dica para os gestores é buscar um conhecimento prévio sobre o veículo ao qual será dada a entrevista. Do mesmo modo, devem estar bem familiarizados com o *timing* e as necessidades jornalísticas e ter conhecimento profundo sobre o que vai ser dito.

preferência crescente por exclusividade no conteúdo, que pode ser aprofundada conforme o argumento da seguinte citação:

- *"[...] geralmente trabalham em cima de informações prontas e [...] querem te induzir, levar a entrevista. Quando o jornalista pergunta algo que vai mais a fundo, não sabem responder."*

Isto só reafirma a necessidade de o executivo estar munido de informações e saber transmiti-las. Nessa tarefa, o media training pode ajudar, deixando o gestor mais confortável no contato com a imprensa. Estar ciente do processo jornalístico, da dinâmica de funcionamento de um jornal e conhecer o perfil dos veículos aos quais está dando entrevista contribuirá para desmitificar o trabalho da imprensa e melhorar o desempenho do executivo perante os meios de comunicação. Esta é a opinião dos próprios jornalistas, como podemos perceber nas sugestões abaixo:

- *"Informar-se sobre o veículo que vai entrevistá-lo, para saber o que é notícia, o que de fato interessa a ele."*
- *"Procurar compreender como é o funcionamento de um jornal, revista e como funciona também a cabeça de um jornalista."*
- *"Disponibilidade para responder rápido e com clareza. Normalmente, o executivo tem conhecimento técnico, mas em geral falta clareza nas entrevistas, nas explicações."*
- *"Não pode ter muita sede de aparecer nem ser muito fechado; deve saber o momento certo de aparecer e para quem aparecer. Ser claro, estar munido de dados e números etc."*

Se existe uma crítica ao media training, ela se refere ao risco de automatismo, de respostas mecânicas e ao posicionamento duro/tenso, que não atendem às necessidades da informação jornalística.

Sobre possíveis falhas no media training, 30% não souberam responder. Dos que apontaram alguma, percebemos a predominância da crítica ao automatismo, às respostas mecânicas e ao posicionamento duro/tenso, que não atendem às necessidades da informação jornalística. Os jornalistas compreendem que o treinamento é um passo importante para os profissionais das empresas. No entanto, acreditam que o medo da imprensa desenvolvido pelos executivos e a idéia do media training como uma fórmula a ser seguida à risca acabam por transformar a entrevista em uma tortura tanto para quem apura quanto para quem fornece as informações. Em lugar de deixá-los mais soltos para desenvolver um argumento, o treinamento pode criar uma artificialidade que é sentida pelo jornalista. Essa falta de espontaneidade é transmitida pela matéria publicada, e não espelhará o que o executivo realmente poderia dizer sobre o assunto. O não-entendimento de que o media training é o instrumental e não uma fórmula mágica cria esse tipo de situação. Os comentários a seguir demonstram como os jornalistas sentem essa artificialidade como um efeito colateral do media training:

> **O medo da imprensa e a idéia do media training como uma fórmula a ser seguida à risca podem transformar a entrevista em uma tortura tanto para quem apura quanto para quem fornece as informações.**

- *"É difícil saber quem recebeu ou não, mas a principal é o apavoramento que aumenta depois do treinamento. O cara fica duro, com medo de errar."*
- *"O excesso de cautela, quando não respondem o que lhes é perguntado."*
- *"Ficam muito duros."*
- *"Automatismo, agem de maneira previsível. Artificialidade, repetem a informação várias vezes no mesmo ponto; não vão além."*

Essas declarações só nos demonstram a necessidade de que o media training esteja em constante aperfeiçoamento para dar conta das contingências comunicacionais. É necessário, sem dúvida, dar ao executivo a noção de como se portar perante a mídia. Mas não sem antes fazê-lo compreender a natureza e os motivos das demandas dos veículos, bem como o princípio de transparência que deve nortear a comunicação com a opinião pública. Ciente do que precisa ser dito e do *timing* de resposta necessário, quando cobrado pela mídia, o executivo saberá o que falar e como levantar as informações de sua empresa de forma a satisfazer os princípios noticiosos dos jornalistas. Aliás, estar à vontade com as respostas dadas e não parecer artificial na formulação dos argumentos são pontos fundamentais para ampliar a credibilidade das empresas como fontes.

Quando perguntamos se o jornalista "acredita que o media training pode reduzir a espontaneidade nas respostas", veio a constatação do que até então intuíamos: 65% acreditam que o media training pode reduzir a espontaneidade das respostas por causa exatamente da "formatação" do executivo, do excesso de cautela ao falar. Os profissionais perdem a capacidade de adaptar o treinamento e torná-lo uma ferramenta de ajuda. Transformam o media training, muitas vezes, em um modo de proteção na relação diária com a mídia. A preparação tem um limite que deve ser estipulado por quem o recebe, decidindo até que ponto vai a orientação e quando começa a habilidade do próprio executivo. O gestor deve adequar o *timing* da empresa ao do jornalista, da informação jornalística, e precisa entender o porquê de estar perante a mídia em função das suas responsabilidades institucionais empregando seu próprio talento aos princípios do media training.

Quando perguntamos o motivo pelo qual os jornalistas acham que o media training reduz a espontaneidade das respostas, alguns comentários apontam para as adaptações necessárias:

- *"Fica um procedimento muito formatado."*
- *"[...] media training não é para transformar o cara num papagaio e, sim, treinar seu raciocínio para poder se sair bem em todas as situações."*
- *"Por causa do excesso de cautela."*
- *"A pessoa vai ser mais cautelosa ao dar entrevistas, pensará melhor no que dizer."*
- *"Em alguns casos, o cara fica tão preparado que não deixa escapar nada, vira uma informação, perde a alma."*
- *"Ficam formatados, 'recebem formulinha'."*
- *"Hoje, o profissional que treina induz o empresário a ser autômato."*

Para 70% dos entrevistados, o número de executivos com media training vem aumentando, percentagem esta que confirma as percepções que salientamos durante a análise de que o media training tem se constituído em uma necessidade para os gestores. Quando solicitados a citar um nome que servisse de modelo de comportamento exemplar perante a mídia, mais da metade (55%) citou algum nome que se encaixasse no perfil. No entanto, nenhum nome foi citado mais de uma vez.

COMENTÁRIOS FINAIS

Notamos que os jornalistas percebem a utilização do media training; entretanto, apesar de a preparação ser considerada muito importante – um sinal de que vai bem de modo geral –, novos desafios aparecem, bem como novos problemas de comunicação a superar. Embora os jornalistas achem, em sua maioria, que o media training ou a preparação profissional para os executivos é de grande importância, eles também enxergam um possível efeito colateral dessa preparação: a mecanização/formatação do executivo e, por conseqüência, das informações.

Alguns profissionais de imprensa alegam que o treinamento não daria segurança, mas sim uma espécie de "decoreba" de dados – e não é disso que necessitam. Os jornalistas desejam informações precisas e objetivas e, para isso, o executivo tem de ter conhecimento do assunto sobre o qual está falando, bem como dispor de dados que embasem sua declaração. Como foi apontado pelos profissionais de imprensa, a falha mais grave em uma entrevista são as informações erradas ou falsas. Faz-se necessária uma familiarização do executivo com o processo jornalístico para que não haja "ruído" na comunicação entre o repórter e a empresa que ele representa.

Obviamente, sempre haverá uma diferença de interesses entre as duas partes, uma vez que nem tudo que o jornalista quer saber a empresa se sente confortável para responder; o importante, porém, é a clareza nas explicações, o embasamento, a precisão e a disposição para fornecer as informações.

O media training faz-se necessário para melhorar/facilitar o relacionamento com a mídia e, em tempos hipercomunicativos como os nossos, tornou-se uma ferramenta praticamente indispensável aos gestores.

> Sempre haverá uma diferença de interesses entre as duas partes, mas o media training se mostra fundamental para melhorar/facilitar o relacionamento com a mídia, tornando-se uma ferramenta praticamente indispensável aos gestores.

Anexo

Questionário aplicado

1) Como você descreveria, de maneira geral, o comportamento dos executivos perante a mídia?

_____

_____

2) Que critérios considera imprescindíveis para que um executivo esteja apto a dar entrevistas (colocar em ordem de importância):

( )   ( )   ( )   ( )   ( )   ( )

[1] Ser claro e objetivo
[2] Precisão das informações dadas
[3] Dispor de dados para comprovar os fatos fornecidos
[4] Conhecimento do assunto
[5] Relevância e atualidades das informações
[6] Outros/Especifique: _____

3) Em relação a estes critérios, como classifica os executivos que entrevista?

[1] Considero todos os executivos que entrevisto preparados
[2] Considero que quase todos os executivos estão preparados para dar entrevistas
[3] Considero que alguns executivos estão preparados para dar entrevistas
[4] Considero que poucos executivos estão preparados para dar entrevistas
[5] Considero que nenhum executivo está preparado para dar entrevistas

4) Ainda pensando na preparação profissional dos executivos (media training), diria que:

[1] Percebo que os executivos receberam preparação conforme media training para lidar com a imprensa
[2] Percebo que os executivos não receberam media training, mas estão preparados
[3] Percebo que os executivos não estão preparados para lidar com a imprensa
[4] Não sabe

5) Considera que uma preparação profissional para o executivo seja:

[1] Muito importante   [4] Pouco importante
[2] Importante   [5] Nada importante
[3] Indiferente

5.1) Justifique sua resposta:

_____

6) Qual erro consideraria mais grave em uma entrevista?

_____

7) Qual seria uma qualidade no comportamento do executivo a ser ressaltada durante uma entrevista?

_____

8) Com relação à disponibilidade do executivo quando necessita de informações sobre algum assunto:

[1] Os executivos me respondem imediatamente
[2] Os executivos me respondem em até 24 horas
[3] Os executivos me respondem em até 48 horas
[4] Os executivos me respondem em até 72 horas
[5] Os executivos me respondem em mais de 72 horas
[6] Não respondem

9) Pensando em situações de crise, como costuma ser o comportamento dos executivos?

[1] Escondem-se da imprensa
[2] A assessoria de imprensa é acionada para não dar comentários
[3] A empresa solta um comunicado oficial
[4] A empresa já tem um sistema pronto para lidar com a mídia
[5] O executivo comunica à mídia o fato anteriormente à crise
[6] O executivo convoca uma coletiva
[7] Outros _____

10) Quanto às coletivas, como classificaria o comportamento dos executivos:

[1] Muito bom   [4] Ruim
[2] Bom   [5] Péssimo
[3] Regular

10.1) Justifique sua resposta:
_____
_____

11) Que conselho daria aos executivos para que seu desempenho perante a mídia fosse mais satisfatório?
_____
_____

12) Pensando agora no media training, que falhas poderia apontar no comportamento dos executivos que receberam esse treinamento?
_____
_____

13) Acredita que o media training pode reduzir a espontaneidade nas respostas?
[1] Sim/Por quê? _____
[2] Não

14) Acredita que o número de executivos com media training vem aumentando:

[1] Sim   [2] Não   [3] Não sabe avaliar

15) Gostaria de citar como exemplo algum executivo que na sua opinião atende aos principais critérios com relação ao media training?
_____
_____

Respostas

Mídia	Nº cits.	Freqüência
Revista	9	45%
Jornal	11	55%
Total	20	100%

1. Como você descreveria, de maneira geral, o comportamento dos executivos perante a mídia?

CompExecutivo	Nº cits.	Freqüência
Cada um reage de uma maneira; depende do executivo, da empresa	3	15%
Ainda com desconfiança	2	10%
Evoluiu bastante nos últimos tempos. Já foi mais difícil. Hoje parece que os executivos confiam mais no que o jornalista vai escrever; até mesmo em função da expansão do media training	1	5%
Depende do executivo, da situação. Se é algo que interessa a ele ser publicado, é solícito; se não, pode ficar arredio	1	5%
É bem satisfatório, em geral estão acostumados a lidar com a imprensa. Somente em situações de crise eles demonstram insegurança, não gostam de comentar	1	5%
Eles são despreparados, muitas vezes demonstram um certo ar de arrogância e de superioridade pelo cargo que ocupam e não fornecem as informações necessárias	1	5%
É bem positivo. Eles têm certo receio das conseqüências, mas em geral são bem simpáticos. Falta media training não só para executivos, mas para os jornalistas. E aí cabe à assessoria selecionar os melhores profissionais (jornalistas e repórteres)	1	5%
Às vezes falta ao assessor de imprensa passar a pauta mais completa, o que pode prejudicar ou não. Mas, de modo geral, eles se saem bem	1	5%
Depende do tipo de executivo; alguns se comportam bem, outros ficam mais tensos	1	5%
De maneira geral bom, porque alguns estão preparados, outros não. Poucos estão mal preparados. A maioria está mais ou menos preparada e uma minoria está muito bem preparada	1	5%
Insegurança. A maior parte fica inseguro com a presença dos jornalistas	1	5%
Dependendo do assunto abordado, se o executivo está precisando da imprensa ou ela dele etc.	1	5%
Depende. Alguns gostam de falar, outros não. Mas, de modo geral, eles gostam muito de fazer propaganda da empresa e não respondem o que é necessário, o que de fato interessa ao jornalista	1	5%

(continua)

(continuação)

CompExecutivo	Nº cits.	Freqüência
Não sabem lidar com a imprensa	1	5%
Eles são muito arredios. Acabam caindo sempre com o pé atrás com os jornalistas, com medo de que estes distorçam tudo que foi dito	1	5%
Eles geralmente ficam na defensiva, se fecham bastante. Porém, quando é do interesse deles, a publicação até procura o jornalista para uma pauta	1	5%
Tem três tipos: 1) o cara que se sente à vontade e sabe o que dizer; 2) o "sem-noção", aquele cara que fala tudo que pode e o que não pode; 3) e o cara travado, que não fala nada ou porque é uma característica da personalidade ou porque recebeu muito media training	1	5%
Total	**20**	**100%**

2. Que critérios considera imprescindíveis para que um executivo esteja apto a dar entrevistas?

Critérios	Nº cits. (ord1)	Freqüência	Nº cits. (ord2)	Freqüência	Nº cits. (ord3)	Freqüência
Ser claro e objetivo	12	60%	2	10%	1	5%
Precisão das informações dadas	2	10%	13	65%	1	5%
Dispor de dados para comprovar os fatos fornecidos	1	5%	3	15%	14	70%
Conhecimento do assunto	2	10%	2	10%	4	20%
Relevância e atualidade das informações	3	15%	0	0%	0	0%
Presteza com que atende o jornalista/pontualidade	0	0%	0	0%	0	0%
Total	**20**		**20**		**20**	

(continua)

(continuação)

Nº cits. (ord4)	Freqüência	Nº cits. (ord5)	Freqüência	Nº cits. (ord6)	Freqüência	Nº cits. (ord7)	Freqüência
2	10%	3	15%	0	0%	20	100%
3	15%	1	5%	0	0%	20	100%
2	10%	0	0%	0	0%	20	100%
9	45%	3	15%	0	0%	20	100%
4	20%	13	65%	0	0%	20	100%
0	0%	0	0%	1	5%	1	5%
20		**20**		**20**		**20**	

A questão é de respostas múltiplas ordenadas.
A tabela apresenta as freqüências para cada ordem e para a soma.

3. Em relação a estes critérios, como classifica os executivos que entrevista?

ClasCriterios	Nº cits.	Freqüência
Considero que todos os executivos que entrevisto estão preparados	1	5%
Considero que quase todos os executivos estão preparados para dar entrevistas	4	20%
Considero que alguns executivos estão preparados para dar entrevistas	12	60%
Considero que poucos executivos estão preparados para dar entrevistas	3	15%
Considero que nenhum executivo está preparado para dar entrevistas	0	0%
Total	**20**	**100%**

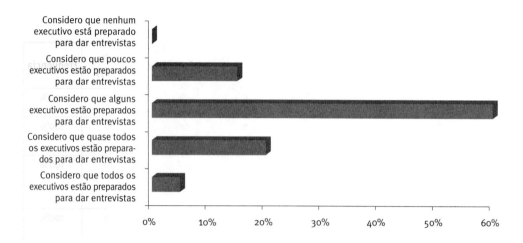

4. Ainda pensando na preparação profissional dos executivos (media training), diria que:

PrepMedia	Nº cits.	Freqüência
Percebo que os executivos receberam preparação conforme media training para lidar com a imprensa	6	30%
Percebo que os executivos não receberam media training, mas estão preparados	3	15%
Percebo que os executivos não estão preparados para lidar com a imprensa	3	10%
Percebo que a maioria está preparada, mas não sabe dizer se recebeu media training ou não	2	5%
Não dá para saber	1	5%
Quem recebe o treinamento fica mais preparado	1	5%
Principalmente grandes empresas	1	5%
Não sabe. Tem um pouco de todos os tipos	1	5%
Não sabe. Muito relativo, depende de cada um; depende da empresa, do executivo, do setor	1	5%
São preparados a toque de caixa ali para aquela entrevista, em cima da hora. Às vezes o cara nem sabe a que veículos está concedendo entrevista	1	5%
Depende da empresa e do executivo	1	5%
Alguns estão preparados com ou sem media training	1	5%
Você percebe que alguns receberam media training, outros não	1	5%
Total	**20**	

O número de citações é superior ao número de observações devido às respostas múltiplas (três no máximo).

5. Considera que uma preparação profissional para o executivo seja:

ImpPrepProf	Nº cits.	Freqüência
Muito importante	12	60%
Importante	6	30%
Indiferente	0	0%
Pouco importante	2	10%
Nada importante	0	0%
Total	**20**	**100%**

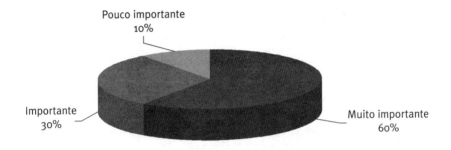

5.1) Justifique sua resposta:

JustImportant
A empresa tem todo o interesse em falar com a imprensa quando está tudo ok, e no momento de crise é bom que esteja bem preparado, sem deixar meias palavras, prejudicando a empresa
Às vezes você marca entrevista com o executivo e ele não sabe o que é importante para o jornalista, o que é matéria para o veículo de comunicação
Porque, para ele poder responder às perguntas e colocar suas questões de maneira clara, deve saber como se portar diante da imprensa
Porque é importante desenvolver um método para se aprofundar no assunto sem se enrolar, para não ficar muito superficial
Porque se o cara (porta-voz) está bem preparado, ele demonstra excelência e competência de gestão da empresa e dele próprio
Se ele consegue facilitar a informação, todos ganham: o leitor, o jornalista e a própria empresa
Quanto mais souberem sobre o funcionamento do relacionamento com a imprensa, mais aptos e seguros estarão. Fazendo bem à própria empresa
Porque a preparação pode fazer que se protejam demais; excesso de cautela "camufla" muito a resposta

(continua)

(continuação)

JustImportant
Porque acha que, se o executivo tiver conhecimento do assunto e bom senso, ele não precisa de treinamento
É importante, mas o que conta mais no mundo executivo é a experiência do executivo como profissional
Porque se não tiver: 1º) não é um executivo; 2º) não vai responder o que você quer saber, o que o jornalista quer saber
Porque ele tem de estar mais seguro, saber com quem está falando, dar informações precisas
Ele tem de entender como funcionam os horários, a dinâmica de uma assessoria de imprensa, para que possa se tornar uma fonte necessária, saber o que o jornalista quer saber
Porque assim sabem se portar, são mais diretos
Porque, dependendo do *business* do cara, ele deve estar preparado para lidar com a imprensa, sabe como se portar, o que de fato importa aos jornalistas
Para perderem o medo de falar com jornalista, acabar com a idéia de que distorcem tudo que é dito
Porque, a partir do momento que você lida com a mídia, você quer passar credibilidade e muitas vezes o cara não sabe fazer, não sabe como passar a informação, não sabe como se relacionar com a imprensa
Dependendo do setor que trabalha a empresa, do tipo de informação e da freqüência que esse cara terá contato com a imprensa se for constante, é muito necessário
Porque a declaração do executivo reflete diretamente sobre a imagem da empresa
Para que o executivo entenda melhor o que interessa para a mídia e para que não haja "ruído" na comunicação entre o executivo e o jornalista

Total	**20**

6. Qual erro consideraria mais grave em uma entrevista?

Erro	Nº cits.	Freqüência
Informações erradas	6	30%
A mentira	3	15%
Falta de dados que embasem a entrevista	2	10%
Falta de conhecimento entre a diferença do trabalho do jornalista para o publicitário	1	5%
Não ter as informações que ele disse ter	1	5%
Fatos que não condizem com a realidade	1	5%
Dados errados (fonte equivocada)	1	5%
Não ser preciso	1	5%
Falta de conhecimento do assunto	1	5%

(continua)

(continuação)

Erro	Nº cits.	Freqüência
A informação incorreta, que pode se destinar a um objetivo escuso por parte da empresa, cabendo ao jornalista saber discernir. Falta de informações ao executivo, ele não saber o que ocorreu/está ocorrendo	1	5%
Não saber responder a uma pergunta, não saber o que dizer quando questionado	1	5%
Dizer e desdizer, voltar atrás no que disse, dizer que não falou	1	5%
Informação não verdadeira e esconder os fatos, negar o que é real	1	5%
Achar que o jornalista é muito jovem e perguntar a quanto tempo trabalha e pedir para ler a entrevista	1	5%
Perder a esportiva, a paciência	1	5%
Não ter informações sobre a própria empresa	1	5%
Total	**20**	

O número de citações é superior ao número de observações devido às respostas múltiplas (três no máximo).

7. Qual seria uma qualidade no comportamento do executivo a ser ressaltada durante uma entrevista?

Qualidade	Nº cits.	Freqüência
Qualidade da informação	2	10%
Falar exatamente o que precisa ser falado	1	5%
Clareza e franqueza	1	5%
A integridade	1	5%
Educação, ser educado	1	5%
Clareza nas informações e entender o que é, de fato, notícia, o que realmente interessa ao jornalista	1	5%
Tranqüilidade e segurança	1	5%
Disposição para esclarecer dúvidas	1	5%
Clareza, já que torna a entrevista mais compreensível	1	5%

(continua)

(continuação)

Qualidade	Nº cits.	Freqüência
Precisão, clareza e objetividade	1	5%
Riqueza e detalhamento das informações dadas	1	5%
Clareza e objetividade	1	5%
Clareza nas respostas	1	5%
Ser claro, objetivo e verdadeiro. Não manipular o entrevistador nem conduzir a entrevista	1	5%
Olhar sempre nos olhos do entrevistador, saber o nome do jornalista	1	5%
Segurança	1	5%
Saber deixar o entrevistador (jornalista) à vontade e ter uma postura humilde, não ser arrogante	1	5%
Não se arrepender do que disse e tentar reaver isso no jornal, com o jornalista	1	5%
Clareza, objetividade e conhecimento do assunto	1	5%
Total	**20**	**100%**

8. Com relação à disponibilidade do executivo quando necessita de informações sobre algum assunto:

VelResposta	Nº cits.	Freqüência
Os executivos me respondem imediatamente	0	0%
Os executivos me respondem em até 24 horas	7	35%
Os executivos me respondem em até 48 horas	7	35%
Os executivos me respondem em até 72 horas	2	10%
Os executivos me respondem em mais de 72 horas	3	15%
Não respondem	1	5%
Varia muito com a pauta. Se é de interesse deles, respondem rápido. De modo geral, sempre respondem, mas demoram	1	5%
Depende de cada executivo e empresa	2	10%

(continua)

(continuação)

VelResposta	Nº cits.	Freqüência
Depende do interesse da empresa; se quer divulgar, responde rápido; se não, demora um pouco mais, mas, geralmente, mesmo sem interesse, respondem em até 72 horas	1	5%
Depende de cada um, varia de 48 horas a 10 dias para responder	1	5%
Depende do tipo de matéria	1	5%
Depende do grau de importância para o executivo	1	5%
Total	**20**	

O número de citações é superior ao número de observações devido às respostas múltiplas (cinco no máximo).

9. Pensando em situações de crise, como costuma ser o comportamento dos executivos?

Crise	Nº cits.	Freqüência
A assessoria de imprensa é acionada para não dar comentários	10	50%
A empresa solta um comunicado oficial	9	45%
Escondem-se da imprensa	7	35%
A empresa já tem um sistema pronto para lidar com a mídia	4	20%
O executivo comunica à mídia o fato anteriormente à crise	3	15%
O executivo convoca uma coletiva	3	15%
Depende de tudo. Depende da gravidade da crise	3	15%
Um pouco de tudo, mas, em geral, as empresas hoje estão bem assessoradas, escolhem e treinam bem seus representantes	2	10%
Depende do executivo, da empresa	2	10%
Quanto maior e mais grave é o problema, mais se escondem	1	5%
Quando o executivo (ele próprio) vai à imprensa para falar	1	5%
Nunca teve problema com isso; nunca se deparou com uma situação dessas, desse tipo	1	5%

(continua)

(continuação)

Crise	Nº cits.	Freqüência
A empresa aciona a assessoria de imprensa para divulgar suas notas; às vezes para dizer que não há comentários, outras para fazer seus pronunciamentos	1	5%
Logo depois faz uma coletiva. É muito raro perceber no Brasil uma empresa que tenha um planejamento de crise, até mesmo com relação a acidentes ambientais	1	5%
Total	**20**	

O número de citações é superior ao número de observações devido às respostas múltiplas (sete no máximo).

10. Quanto às coletivas, como classificaria o comportamento dos executivos?

Coletivas	Nº cits.	Freqüência
Muito bom	10	5%
Bom	9	65%
Regular	7	15%
Ruim	4	5%
Péssimo	3	5%
Depende de cada um	3	5%
Total	**20**	**100%**

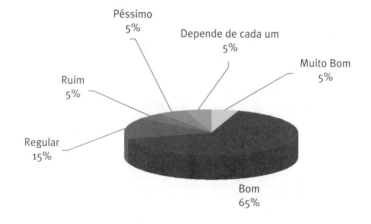

10.1) Justifique sua resposta:

JustColetivas
Em geral, é satisfatório, não há muito o que dizer a respeito
Porque, em geral, nas coletivas são profissionais que falam pouco e com precisão, deixando depois, um espaço para perguntas
É difícil fazer generalizações, mas em geral é bom
De uns tempos para cá, eles têm se portado cada vez melhor, estão melhor assessorados
Já houve uma preparação e, em coletiva, sempre tem alguém para dar suporte
Porque na coletiva há toda uma preparação anterior para essa determinada situação
Além do fato de alguns jornalistas não lerem o material fornecido previamente, o que acaba entediando o empresário, coletivas não atraem mais, uma vez que se quer exclusividade
As próprias empresas estão escolhendo seus *speakers* com mais cuidado, para melhor representar
Em geral, os executivos são pacientes e respondem com clareza
As coletivas são muito longas, perde-se muito tempo, o que fica cansativo tanto para o executivo como para o jornalista (que não gosta de coletivas)
Depende da empresa, do setor, do executivo
Porque uma coletiva, por ser mais formal, são escolhidos os mais bem preparados da empresa, o que chega a ser mais proveitoso até para o repórter
O coletivo não funciona mais. Os jornais querem exclusividade
Depende de cada um
Em geral, porque aqueles que concedem coletivas já tiveram treinamento de media training
Porque, em coletivas, geralmente o cara já está preparado, predisposto a dar entrevista
Porque geralmente trabalham em cima de informações prontas e eles querem te induzir, levar a entrevista quando o jornalista pergunta algo que vai mais a fundo, não sabem responder
Porque a maioria dos executivos que vai para uma coletiva já tem preparo anterior
Na coletiva, eles tentam omitir ao máximo as informações que não desejam serem publicadas naquele momento, vindo a dizê-las mais tarde em uma exclusiva
Nas coletivas, o cara vai preparado para falar de determinado assunto, tanto que, quando o jornalista pergunta algo mais fundo, isso incomoda e perde a boa vontade
Total 20

11. Que conselho daria aos executivos para que seu desempenho perante a mídia fosse mais satisfatório?

Conselho
Informar-se sobre o veículo que vai entrevistá-lo, para saber o que é notícia, o que de fato interessa a ele
Saber para a está dando a entrevista e por quê
Procurar compreender como é o funcionamento de um jornal, revista e como funciona também a cabeça de um jornalista
Sempre se aconselhar com um profissional
Ter postura, educação, elegância, transparência, sinceridade e segurança, além de conhecer com quem está falando (o jornalista)
Passar por um media training e ficar atento ao que é notícia de fato, ser claro e objetivo
Ser claro, se basear em fatos e buscar maior índice de precisão possível, mesmo quando o assunto tiver forte cunho filosófico
Precisão e clareza, além de disposição para responder às perguntas
Disponibilidade para responder rápido e com clareza. Normalmente, o executivo tem conhecimento técnico, mas em geral falta clareza nas entrevistas, nas explicações
As empresas sabem melhor do que ninguém a política de comunicação externa a ser adotada
Conhecer sobre o que eles fazem, conhecer o *timing* dos jornalistas para que ambos saiam satisfeitos
Preparar-se, conhecer os veículos, conhecer a ética do jornalista etc.
Entender o que interessa a cada um dos veículos com que pretende trabalhar, a dinâmica de cada um
Que atendam à imprensa
Não pode ter muita sede de aparecer nem ser muito fechado; deve saber o momento certo de aparecer e para quem aparecer. Ser claro, estar munido de dados e números etc.
Não ter medo de jornalista; ter jogo de cintura para lidar com a imprensa
Que agissem com mais naturalidade, fossem menos receosos com relação aos jornalistas
Ter conhecimento do assunto, dos dados que vai fornecer
Ter mais segurança e dados para comprovar o que estão dizendo
Ter um bom relacionamento com o jornalista, estar sempre em contato, ser solícito
Total	20

12. Pensando agora no media training, que falhas poderia apontar no comportamento dos executivos que receberam este treinamento?

Falhas
Não sabe responder
O executivo priorizar um veículo e não tratar todo jornalista da mesma forma, em função do *status* do veículo (mais famoso ou não)
Não tem como saber
Ter um comportamento muito artificial, quase mecânico
Alguns não assimilam o treinamento e acabam cometendo os mesmos erros de antes
É difícil saber quem recebeu ou não, mas a principal, é o apavoramento que aumenta depois do treinamento. O cara fica duro, com medo de errar
O excesso de cautela, quando não respondem o que lhes é perguntado (pergunta não condiz com a resposta)
Tomar cuidado com o que falam, porque para o jornalista não existe off
Nunca conversou com nenhum executivo que tenha recebido esse treinamento ou, pelo menos, nunca se interessou em perguntar se havia recebido media training ou não
Alguns não têm uma visão do que é notícia, do que interessa ou não para o jornalista, deixando este numa saia justa
Conhecer mais os veículos e com quem está falando
Ficam muito duros
Não se lembra de nenhum
Automatismo, agem de maneira previsível. Artificialidade, repetem a informação várias vezes no mesmo ponto; não vão além
Não responder a pergunta nenhuma
Total	**20**

13. Acredita que o media training pode reduzir a espontaneidade nas respostas?

Espontâneo	Nº cits.	Freqüência
Sim	13	65%
Não	7	35%
Total	**20**	**100%**

13.1) Por que acredita que o media training pode reduzir a espontaneidade das respostas?

JustEspontâneo
Fica um procedimento muito formatado
Porque é colocada uma espécie de parâmetro (para o executivo)
Depende de como o treinamento é ministrado
Mas não é algo comprometedor. Cabe ao jornalista provocar essa espontaneidade
Se for mal-feito. Porque media training não é para transformar o cara num papagaio e, sim, treinar seu raciocínio para poder se sair bem em todas as situações
Por causa do excesso de cautela
Sim. A pessoa vai ser mais cautelosa ao dar entrevistas, pensará melhor no que dizer
Sim. Em alguns casos, porque o cara fica tão preparado que não deixa escapar nada, vira uma informação, perde a alma
Sim. Ficam formatados, "recebem formulinha"
Sim. O cara estará "treinado" para responder
Sim. Porque hoje o profissional que treina induz o empresário a ser autômato
Sim. Um pouco. Depende da pessoa e do assunto
Sim. Porque orienta o executivo a não ser tão intempestivo, a dizer a coisa certa na hora mais apropriada, não soltar nada antes
Total	13

13.2) Por que acredita que o media training não reduz a espontaneidade das respostas?

JustNãoEspontâneo	Nº cits.	Freqüência
Não. Para o executivo não; para o jornalista sim, já que não pode conseguir tirar aquilo que quer	1	14.29%
Não. Fica mais preparado, mas depende do executivo	1	14.29%
Não justificou	5	71.43%
Total	7	100.00%

14. Acredita que o número de executivos com media training vem aumentando?

Crescimento	Nº cits.	Freqüência
Sim	14	70%
Não	2	10%
Não sabe avaliar	4	20%
Total	**20**	**100%**

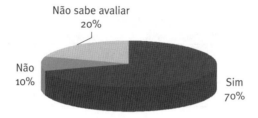

15. Gostaria de citar como exemplo algum executivo que na sua opinião atende aos principais critérios com relação ao media training?

Exemplo	Nº cits.	Freqüência
Não quis citar	9	45%
Sérgio Mena Barreto (presidente da Abrafarma)	1	5%
Sérgio Milano (Associação Brasileira de Franchising)	1	5%
Robson Chiba (presidente do China in Box)	1	5%
Ulisses Tapajós Neto (presidente da Multibrás – Amazônia)	1	5%
Todos os executivos da Fiat	1	5%
Luis Avelar (diretor de marketing e inovação da Vivo)	1	5%
Sérgio Valente (novo presidente da DM9)	1	5%
Tarcísio Gardione (Gol Linhas Aéreas)	1	5%
José Carlos de Oliveira (diretor da Warner no Brasil)	1	5%
Nizan Guanaes	1	5%
Eduardo Rosenberg (diretor de marketing da Disney)	1	5%

(continua)

(continuação)

Exemplo	Nº cits.	Freqüência
Wagner Nogueira (TAM)	1	5%
Amyr Klink	1	5%
Larry Light (McDonald's)	1	5%
Miguel Falabella	1	5%
Emerson Fittipaldi	1	5%
Márcio Moreira	1	5%
José Carlos Grubisch (Brasquem)	1	5%
A maioria dos executivos atende a esses critérios, se sai muito bem	1	5%
Hélio Novaes (vice-presidente da SulAmérica)	1	5%
Todos os da Petrobras	1	5%
José Carlos Pinheiro Neto (vice-presidente da Chevrolet)	1	5%
Sérgio Habib (presidente da Citröen do Brasil)	1	5%
Os executivos do Banco do Brasil	1	5%
Total	**20**	

O número de citações é superior ao número de observações devido às respostas múltiplas (doze no máximo).

A AUTORA

Formada em Relações Públicas e em Economia, com pós-graduação em Pesquisa de Mercado, Janete Oliveira é mestre em Comunicação pela Uerj e foi coordenadora técnica do Laboratório de Pesquisa de Opinião Pública da mesma instituição. Atua como consultora nas áreas de pesquisa de opinião e de mercado, com experiência de atendimento a empresas brasileiras e multinacionais. E-mail: jan_oliveira@uol.com.br.

------------------------------ dobre aqui ------------------------------

CARTA-RESPOSTA
NÃO É NECESSÁRIO SELAR

O SELO SERÁ PAGO POR

AC AVENIDA DUQUE DE CAXIAS
01214-999 São Paulo/SP

------------------------------ dobre aqui ------------------------------

MEDIA TRAINING

**summus
editorial**

CADASTRO PARA MALA-DIRETA

**Recorte ou reproduza esta ficha de cadastro, envie completamente preenchida por correio ou fax,
e receba informações atualizadas sobre nossos livros.**

Nome:_____ Empresa:_____

Endereço: ☐ Res. ☐ Com. _____ Bairro:_____

CEP: _____-_____ Cidade: _____ Estado: _____ Tel.: ( ) _____

Fax: ( ) _____ E-mail: _____ Data de nascimento: _____

Profissão:_____ Professor? ☐ Sim ☐ Não Disciplina: _____

1. Você compra livros:

☐ Livrarias ☐ Feiras
☐ Telefone ☐ Correios
☐ Internet ☐ Outros. Especificar:_____

2. Onde você comprou este livro?

_____

3. Você busca informações para adquirir livros por meio de:

☐ Jornais ☐ Amigos
☐ Revistas ☐ Internet
☐ Professores ☐ Outros. Especificar:_____

4. Áreas de interesse:

☐ Educação ☐ Administração, RH
☐ Psicologia ☐ Comunicação
☐ Corpo, Movimento, Saúde ☐ Literatura, Poesia, Ensaios
☐ Comportamento ☐ Viagens, *Hobby*, Lazer
☐ PNL ☐ Cinema

5. Nestas áreas, alguma sugestão para novos títulos?

_____

6. Gostaria de receber o catálogo da editora? ☐ Sim ☐ Não

7. Gostaria de receber o Informativo Summus? ☐ Sim ☐ Não

Indique um amigo que gostaria de receber a nossa mala-direta

Nome:_____ Empresa:_____

Endereço: ☐ Res. ☐ Com. _____ Bairro:_____

CEP: _____-_____ Cidade: _____ Estado: _____ Tel.: ( ) _____

Fax: ( ) _____ E-mail: _____ Data de nascimento: _____

Profissão:_____ Professor? ☐ Sim ☐ Não Disciplina: _____

Summus Editorial
Rua Itapicuru, 613 7º andar 05006-000 São Paulo - SP Brasil Tel. (11) 3872-3322 Fax (11) 3872-7476
Internet: http://www.summus.com.br   e-mail: summus@summus.com.br

cole aqui